职业院校课程改革精品教材

Qiche Peijian Guanli yu Yingxiao
汽车配件管理与营销

(第3版)

北京运华天地科技有限公司　组织编写
彭朝晖　主　编

人民交通出版社股份有限公司
北京

内 容 提 要

本书是职业院校课程改革精品教材,主要内容包括:汽车配件编码与查询、汽车配件订货与采购、汽车配件出入库管理、汽车配件库存管理、汽车配件营销、汽车配件售后服务、汽车配件保修索赔。

本书可作为职业院校汽车整车与配件营销专业的教材,也可供从事汽车配件管理与营销工作的人员作为学习参考之用。

图书在版编目(CIP)数据

汽车配件管理与营销/彭朝晖主编. —3版. —北京:人民交通出版社股份有限公司,2022.7
ISBN 978-7-114-17996-9

Ⅰ.①汽… Ⅱ.①彭… Ⅲ.①汽车—配件—市场营销学—中等专业学校—教材 Ⅳ.①F766

中国版本图书馆 CIP 数据核字(2022)第 091954 号

书　　名:	汽车配件管理与营销(第3版)
著 作 者:	彭朝晖
责任编辑:	时　旭
责任校对:	孙国靖　扈　婕
责任印制:	刘高彤
出版发行:	人民交通出版社股份有限公司
地　　址:	(100011)北京市朝阳区安定门外外馆斜街3号
网　　址:	http://www.ccpcl.com.cn
销售电话:	(010)59757973
总 经 销:	人民交通出版社股份有限公司发行部
经　　销:	各地新华书店
印　　刷:	北京市密东印刷有限公司
开　　本:	787×1092　1/16
印　　张:	15.75
字　　数:	290千
版　　次:	2011年9月　第1版 2017年1月　第2版 2022年7月　第3版
印　　次:	2024年5月　第3版　第2次印刷　总第17次印刷
书　　号:	ISBN 978-7-114-17996-9
定　　价:	42.00元

(有印刷、装订质量问题的图书,由本公司负责调换)

PREFACE 第3版前言

汽车工业作为国家的支柱性产业,在国家经济发展和社会进步中起着重要作用。随着我国汽车市场的逐渐成熟,汽车市场已经彻底由卖方市场转化为买方市场。在现阶段和未来,汽车销售比汽车制造更加重要,也更加困难,对汽车商务人才的需求也不断增加。汽车作为大件耐用消费品,其市场推广和营销方法不同于其他生活消费品,因此,汽车营销人员应掌握汽车营销、售后服务等各方面的知识。

本书是职业院校课程改革精品教材,作为汽车整车与配件营销专业的教学用书,自出版以来受到广大职业院校师生的好评。为了深入贯彻落实《职业教育提质培优行动计划(2020—2023年)》(教职成〔2020〕7号)文件精神,更好地适应汽车行业的快速发展,满足市场对汽车营销和销售服务人才的高要求,人民交通出版社股份有限公司组织相关专家、教师对本套教材进行了修订。本次修订力求与汽车营销的实际工作相结合,注重对学生技能、职业素质的培养,以帮助学生尽快适应高难度、高技术、高技巧、高专业化的汽车营销岗位。

《汽车配件管理与营销(第3版)》的修订工作,是以本书第2版为基础,吸收了教材使用院校教师的意见和建议,在修订方案的指导下完成的。修订内容主要体现在以下几个方面:

(1)删去《中华人民共和国标准化管理条例》等已作废的法规、标准的内容。

(2)更新汽车市场调查报告、案例时间、举例车型的内容。

(3)增加"课程思政"的内容。

(4)更新、增加部分图表,并纠正原版教材中的错误。

本书由广西机电职业技术学院交通工程学院彭朝晖担任主编,广西交通职业技术学院吴丹、广西机电职业技术学院交通工程学院莫荣珍和赵楠担任副主编。

限于编者的水平,书中难免有不妥之处,敬请广大读者批评指正。

编 者
2022年2月

目 录

第一章　汽车配件编码与查询　/1

第一节　汽车配件基础知识……………………………………………………… 2
第二节　汽车配件编码…………………………………………………………… 11
第三节　汽车配件查询…………………………………………………………… 22
第四节　汽车配件电子目录查询示例…………………………………………… 24

第二章　汽车配件订货与采购　/37

第一节　汽车配件市场调查与预测……………………………………………… 38
第二节　汽车配件订货…………………………………………………………… 50
第三节　汽车配件采购…………………………………………………………… 62
第四节　汽车配件订货系统应用示例…………………………………………… 71

第三章　汽车配件出入库管理　/82

第一节　汽车配件验收…………………………………………………………… 83
第二节　汽车配件入库…………………………………………………………… 95
第三节　汽车配件出库…………………………………………………………… 98
第四节　汽车配件出入库操作示例……………………………………………… 108

第四章　汽车配件库存管理　/120

第一节　库存管理基础知识……………………………………………………… 121
第二节　仓库日常管理…………………………………………………………… 126
第三节　汽车配件库存盘点……………………………………………………… 134
第四节　汽车配件库存盘点示例………………………………………………… 139
第五节　盘点结果处理…………………………………………………………… 142

第五章　汽车配件营销　/149

第一节　汽车商品营销基础……………………………………………………………150
第二节　汽车配件营销市场及销售模式分析…………………………………………154
第三节　汽车配件营销策略……………………………………………………………157
第四节　财务常识………………………………………………………………………163

第六章　汽车配件售后服务　/172

第一节　汽车配件售后服务的作用及内容……………………………………………173
第二节　汽车配件质量的鉴别…………………………………………………………178
第三节　汽车配件客户关系管理………………………………………………………190

第七章　汽车配件保修索赔　/197

第一节　汽车配件保修索赔内容………………………………………………………198
第二节　汽车配件保修索赔工作流程…………………………………………………203
第三节　汽车配件索赔问题分析………………………………………………………218
第四节　索赔件管理与返回……………………………………………………………230

参考文献　/243

第一章

汽车配件编码与查询

学习目标

通过本章的学习,你应能:

1. 知道汽车配件的含义、分类、标识及业务流程等基础知识;
2. 熟悉配件编号的基础知识,知道VIN码的含义、作用;
3. 正确合理地选用各种配件检索工具查询配件编码、价格、库存数量等信息,熟练运用汽车配件电子目录查询软件,为顾客精确、快速、安全地查找出所需的配件;
4. 通过熟悉各种配件的标准来培养标准意识,养成规范意识,提升岗位职业技能。

建议学时

8学时。

工作情景描述

某品牌车进厂维修,经过维修人员的检查,需要更换一些配件。现配件人员需要根据领料单,通过电脑查找该车型的标牌、发动机、底盘号的位置,取得该车型车辆识别代号(Vehicle Identification Number,VIN码)等信息,利用汽车配件电子目录或工具书籍查找出对应配件的装配位置、名称、编号、库存数量、价格、仓位等信息。

学习引导

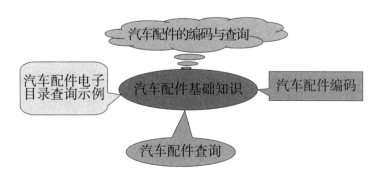

第一节　汽车配件基础知识

一　汽车配件的含义及特点

在汽车服务企业中,人们把新车出厂后使用过程中所需的汽车零部件和耗材统称为汽车配件。它包括新车出厂以后汽车维护和修理过程中用来换用的新配件或修复件、汽车上需要的各种油和液,以及用于提高汽车使用安全性、舒适性和美观性的产品。

汽车配件作为商品,既具有普通商品的一般属性,也有其自身的特点。

1. 品种繁多

只要是有一定规模的汽车配件经销商、汽车综合修理厂或汽车品牌4S店,其经营活动所涉及的配件种类都很多,一般都有上万种,甚至几十万种。

2. 代用性复杂

很多配件可以在一定范围内代用,不同配件的代用性是不一样的。例如,轮胎、灯泡的代用性就很强,而集成电路芯片、传感器等配件的代用性就不强。掌握汽车配件的代用性,是管理好汽车配件的重要条件。

3. 识别体系复杂

一般每个品牌的汽车配件都有独立的原厂图号(或称原厂编号),即汽车配件编码,但是通常经营者为了便于仓库的管理,还会对其配件进行自编号。

4. 价格变动快

由于整车的价格经常变动,所以汽车配件的价格变动就更加频繁,并且汽车配件价格也有季节性。例如,空调系统的配件就受季节的影响,在夏冬季节使用频率高,相应的配件需求量就大。

二　汽车配件分类

汽车配件种类较多,对汽车配件分类的方法也很多。其中,主要有按标准化、实用性、用途和生产来源等几种分类方法。

汽车配件的类型

1. 按标准化分类

汽车配件分为发动机配件、底盘配件、车身及饰品配件、电器电子产品和通用件共 5 大类。根据汽车的术语和定义,配件包括总成、分总成、子总成、单元体和零件。

1) 总成

由数个零件、数个分总成或它们之间的任意组合而构成一定装配级别或某一功能形式的组合体,具有装配分解特性的部分就是总成。

2) 分总成

由两个或多个零件与子总成一起采用装配工序组合而成,对总成有隶属装配级别关系的部分就是分总成。

3) 子总成

由两个或多个零件经装配工序或组合构成,对分总成有隶属装配级别关系的部分就是子总成。

4) 单元体

由零件之间的任意组合构成的具有某一功能特征的功能组合体,通常能在不同环境独立工作的部分就是单元体。

5) 零件

不采用装配工序制成的单一成品、单个制件,或由两个以上连在一起具有规定功能、通常不能再分解的(如含油轴承、电容器等外购小总成)制件就是零件。

2. 按实用性分类

根据我国汽车配件市场供应的实用性原则,汽车配件分为易耗件、标准件、车身覆盖件与保安件 4 类。

1) 易耗件

在对汽车进行二级维护、总成大修和整车大修时,易损坏且消耗量大的配件称为易耗件。

(1) 发动机易耗件。

①曲柄连杆机构:汽缸体、汽缸套、汽缸盖、汽缸体附件、汽缸盖附件、活塞、活塞环、活塞销、连杆、连杆轴承、连杆螺栓及螺母、曲轴轴承、飞轮总成和发动机悬架组件等。

②配气机构:气门、气门导管、气门弹簧、挺杆、推杆、摇臂、摇臂轴、凸轮轴轴

承、正时齿轮和正时齿轮皮带等。

③燃油供给系统：汽油泵膜片、汽油软管、电动汽油泵、压力调节器、空气流量传感器、喷油器、三元催化转换器、输油泵总成、喷油泵柱塞偶件、出油阀偶件和喷油器等。

④冷却系统：散热器、节温器、水泵和风扇等。

⑤润滑系统：机油滤清器滤芯和机油软管等。

⑥点火系统：点火线圈、分电器总成及附件、蓄电池、火花塞等。

（2）底盘易耗件。

①传动系统：离合器摩擦片、从动盘总成、分离杠杆、分离叉、分离轴承、复位弹簧、变速器的各挡变速齿轮、凸缘叉、滑动叉、万向节叉及花键轴、传动轴及轴承、从动锥齿轮、行星齿轮、十字轴及差速器壳、半轴和半轴套管等。

②行驶系统：主销、主销衬套、主销轴承、调整垫片、轮辋、轮毂、轮胎、内胎、钢板弹簧片、独立悬架的螺旋弹簧、钢板弹簧销和衬套、钢板弹簧垫板、U形螺栓和减振器等。

③转向系统：转向蜗杆、转向摇臂轴、转向螺母及钢球、钢球导流管、转向器总成、纵拉杆与横拉杆等。

④制动系统：制动器及制动蹄、盘式制动器摩擦块、液压制动主缸、液压制动轮缸、储气筒、止回阀、安全阀、制动软管、空气压缩机限压阀和制动操纵机构等。

（3）电气设备及仪表的易耗件。

电气设备及仪表的易耗件包括高压线、低压线、车灯总成、安全报警及低压电路熔断电器和熔断丝盒、点火开关、车灯开关、转向灯开关、变光开关、脚踏板制动开关、车速表、电流表、燃油存量表、冷却液温度表、空气压力表和机油压力表。

（4）密封件。

密封件包括各种油封、水封、密封圈和密封条等。

2）标准件

按国家标准设计与制造的，并具有通用互换性的配件称为标准件。汽车上属于标准件的有汽缸盖紧固螺栓及螺母、连杆螺栓及螺母、发动机悬架装置中的螺栓及螺母、主销锁销及螺母、轮胎螺栓及螺母等。

3）车身覆盖件

为使乘员及部分重要总成不受外界环境的干扰，并具有一定的空气动力学特性的、构成汽车表面的板件,如发动机舱盖、翼子板、散热器罩、车顶板、门板、行李舱盖等均属于车身覆盖件。

4) 保安件

汽车上不易损坏的配件称为保安件,如曲轴起动爪、正时齿轮、扭转减振器、凸轮轴、汽油箱、汽油滤清器总成、调速器、机油滤清器总成、离合器压盘及盖总成、变速器壳体及上盖、操纵杆、转向节、转向摇臂和转向节臂等。

3. 按用途分类

汽车配件按照用途可以分为必装件、选装件、装饰件和消耗件4类。

1) 必装件

必装件是指汽车正常行驶所必需的配件,如转向盘、发动机等。

2) 选装件

选装件是指非汽车正常行驶必需的,但是可以由车主选择安装以提高汽车性能或功能的配件,如CD音响、氙气前照灯、尾翼等。

3) 装饰件

装饰件又称为精品件,是为了汽车的舒适和美观而加装的配件,一般对汽车本身的行驶性能和功能影响不大,如香水、抱枕、底盘大包围等。

4) 消耗件

消耗件是指汽车使用过程中容易发生损耗、老旧,需要经常更换的配件,如润滑油、前风窗玻璃清洁剂、冷却液、制动液和刮水器、汽油滤清器和机油滤清器等。

4. 按生产来源分类

汽车配件按照生产来源可以分为原厂件、副厂件与自制件3类。

1) 原厂件

原厂件是指与整车制造厂家配套的装配件,如原厂配件是指通过汽车制造厂严格质量检验的配件,它们的性能和质量完全能够满足车辆要求。

2) 副厂件

副厂件是指由专业配件厂家生产的,虽然不与整车制造厂配套安装在新车上,但它是按制造厂标准生产的、达到制造厂技术指标要求的配件。

3) 自制件

自制件是配件厂家依据自己对汽车配件标准的理解自行生产的,外观和使用效果与合格配件相似,但是其技术指标由配件制造厂自行保证,与整车制造厂无关。自制件是否合格,主要取决于配件厂家的生产技术水平和质量保障措施。

需要说明的是,不论副厂件还是自制件,都必须达到指定标准水平。这里说的原厂件、副厂件和自制件,都是合格的配件。那些不符合质量标准的所谓"副厂"配件,不属于上述范畴。

5. 按汽车配件所属系统分类

有些品牌的汽车配件是按照不同系统区分的,如分为发动机系统配件、传动系统配件、转向系统配件、冷却系统配件、制动系统配件、悬架装置配件、进排气系统配件、车身及附件、内饰件及附件、暖风和空调系统配件、电气系统、随车附件等(图1-1)。

a)转向系统配件

b)悬架装置配件

c)车身装饰件

d)美容养护类配件

e)专用工具类配件

图1-1　汽车配件分类

1)发动机系统配件

(1)机体组:缸盖、机体、油底壳等。

(2)曲柄连杆机构:活塞、连杆、曲轴、连杆轴承、曲轴轴承、活塞环等。

(3)配气机构:凸轮轴、进气门、排气门、摇臂、摇臂轴、挺柱、推杆等。

(4)进气系统:空气滤清器、节气门、进气谐振器、进气歧管等。

(5)排气系统:三元催化转换器、排气歧管、排气管。

(6)点火系统:火花塞、高压线、点火线圈、点火开关、点火模块等。

(7)燃油系统:燃油泵、燃油管、燃油滤清器、喷油嘴、油压调节器、燃油箱等。

(8)冷却系统:水泵、水管、散热器、散热器风扇。

(9)润滑系统:机油泵、机油滤清器、机油压力传感器。

汽车主要配件

2)传动系统配件

传动系统配件包括飞轮、压盘、离合器片、变速器、变速换挡操纵机构、传动轴、万向节等。

3)制动系统配件

制动系统配件包括制动主缸、制动轮缸、真空助力器、制动踏板总成、制动盘、制动鼓、制动摩擦片、制动油管、ABS(Antilock Brake System,防抱死制动系统)泵等。

4)转向系统配件

转向系统配件包括转向节、转向机、转向柱、转向盘、转向拉杆等。

5)行驶系统配件

行驶系统配件包括轮毂、轮胎等。

6)悬架装置配件

悬架装置配件包括前桥、后桥、摆臂、球头、减振器、螺旋弹簧等。

7)电器仪表系统配件

电器仪表系统配件包括电子控制单元(Electronic Control Unit,ECU)、开关类、空调类、线束类、熔断丝类、电机类、继电器类、喇叭类、执行器类。

8)灯具类配件

灯具类配件包括装饰灯、防雾灯、室内灯、前照灯、前转向灯、侧转向灯、后组合灯、牌照灯、各类灯泡。

9)空调类配件

空调类配件包括压缩机、冷凝器、干燥瓶、空调管、蒸发箱、鼓风机、空调风扇等。

10）传感器类配件

传感器类配件包括冷却液温度传感器、进气压力传感器、进气温度传感器、空气流量传感器、机油压力传感器、氧传感器、爆震传感器等。

11）其他附件

其他附件包括安全气囊、安全带等。

除了上述分类方法外,每个国际大型整车制造厂一般都有自己的配件分类方法,不同的汽车品牌制造商对于汽车配件的分类有所区别,但是都应该能满足定义中所提及的功能。如丰田汽车公司将汽车配件分为维修配件（维修配件用在汽车的各个部位,也是我们经常遇见的配件）、汽车精品（指增加客户驾驶愉悦和舒适性的设备）、油类和化学品（包括机油、自动变速器油、长效冷却液和制动液等）3种类型。另外,汽车配件还可按照材质分为金属配件、电子配件、塑料配件、橡胶配件和组合配件等;按照供销关系,可以分为滞销配件、畅销配件和脱销配件等。

进行汽车配件分类的主要目的是实现对汽车配件的分类存储,提高仓库管理的效率和配件订货的准确性和效率,所以不同品牌厂商都会选择合理的汽车配件分类方式进行仓库的设计管理。

汽车配件的包装标识

汽车配件的外包装包括分类标志、供货号、货号、品名规格、数量、质量、生产日期、有效期限、生产厂名、体积、收货地点和单位、发货地点和单位以及运输号码等,见表1-1。汽车配件的包装标识是为在物流过程中辨认货物而采用的必要标识,它对收发货、入库及装车配船等环节的管理起着特别重要的作用。

包 装 标 识　　　　　　　　表 1-1

序号	项目			含义
	代号	中文	英文	
1	FL	商品分类图示标志	CLASSIFICATION MARKS	标明商品类别的特定符号
2	GH	供货号	CONTRACT NO.	该批货物的供货清单号码（出口商品用合同号码）

续上表

序号	项目			含义
	代号	中文	英文	
3	HH	货号	ART NO.	商品顺序编号,以便出入库,收发货登记和核定商品价格
4	PG	品名规格	SPECIFICATIONS	商品名称或代号,标明单一商品的规格、型号、尺寸和花色等
5	SL	数量	QUANTITY	包装容器内含商品的数量
6	ZL	质量(毛质量)(净质量)	GROSS WT、NET WT	包装件的质量(kg),包括毛质量和净质量
7	CQ	生产日期	DATE OF PRODUCTION	产品生产的年、月、日
8	CC	生产工厂	MANUFACTURER	生产该产品的工厂名称
9	TJ	体积	VOLUME	包装件的外径尺寸,长(cm)×宽(cm)×高(cm)=体积(cm³)
10	XQ	有效期限	TERM OF VALIDITY	商品有效期至×年×月
11	SH	收货地点和单位	PLACE OF DESTINATION AND CONSIGNEE	货物到达站、港和某单位(人)签收(可用贴签或涂写)
12	FH	发货单位	CONSIGNOR	发货单位(人)
13	YH	运输号码	SHIPPING NO.	运输单号码
14	JS	发运件数	SHIPPING PIECES	发运的件数

注:①必须有分类标志,其他各项合理选用。

②根据国外客户要求,外贸出口商品以中、外文对照,并印制相应的标志和附加标志。

③国内销售的商品包装上不填英文项目。

其中,商品分类图示标志是表明汽车配件类别的特定符号,按照国家统计目录对汽车配件分类,可以用几何图形和简单的文字来表明汽车配件的类别,作为收、发货之间据以识别的特定符号。汽车配件常用分类图示标志如图1-2所示。

常用汽车配件包装材料有纸箱、木箱、快递信封、缠绕气泡袋等。普通配件的运输包装通常采用纸箱,部分配件(如车身等超大件或异形配件)采用裸件运输。采用裸件运输的部分配件,如车身、排气管、消声器等严禁在转货或运输过程中受到挤压；易碎、易变形、橡胶、塑料、电子、电器配件应采用必要的保护措施，常见的固定和缓冲保护材料采取纸箱板或填充保护材料；配件如采用混合包装时应用纸板分层，下重上轻，下层配件耐压，上层配件易碎或易变形。所有纸箱上都会有轻放、向上、防潮等提示信息，如图1-3所示，以便在物流转运装卸过程中识别和指导标准化作业。

图1-2 汽车配件常用分类图示标志

图1-3 包装上的提示信息

（四）汽车配件的业务流程

汽车服务企业对汽车配件的管理主要涉及汽车配件订货采购、配件入库、配件的仓库管理、配件出库及配件销售等环节，现举例说明某品牌4S店汽车配件的具体业务流程，如图1-4所示。

其中，配件订货采购的具体内容将在第二章讲述；配件出入库管理的具体步骤和要求将在第三章讲述；配件的库存管理将在第四章讲述；配件仓库的设计将在第五章讲述;配件的市场营销特点将在第六章讲述。

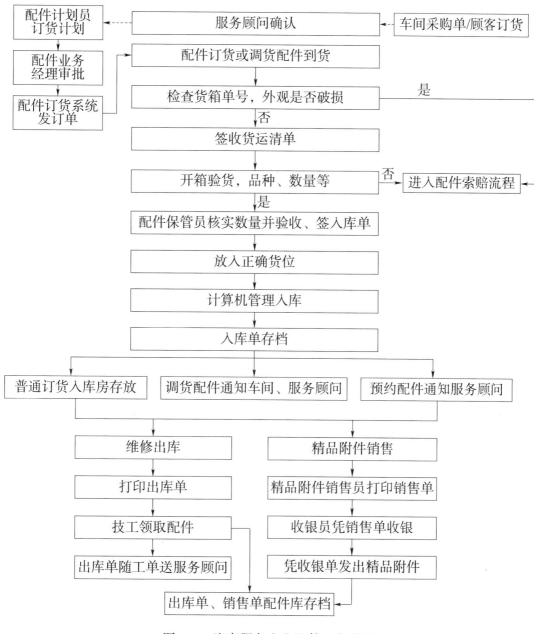

图 1-4　汽车服务企业配件业务流程

第二节　汽车配件编码

配件查询是配件管理人员的一项基本工作,快速、准确地查询所需配件的相关信息是进行配件订货、仓库管理的基础。配件查询的一般流程如图 1-5 所示。

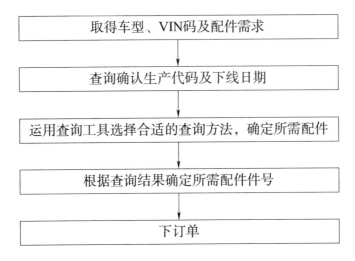

图 1-5　配件查询的一般流程

由图 1-5 可知,车型、VIN 码及配件需求是配件资料查询的基础,取得上述信息是为下一步确定配件件号做准备,如果没有这些信息就无法进行下一步作业。因此,配件管理人员要查询某辆车的某个配件,首先就要知道此车的车辆信息,然后才能通过配件图册或配件电子目录系统进行配件查询。为了正确识别每一种车型,汽车厂家采用了完整的车辆识别代号,也就是 17 位 VIN 码来反映其生产的各种汽车型号特征。

一　汽车车辆识别代号(VIN 码)

1. VIN 码的含义

现在,国内外各汽车公司生产的汽车大都使用了 VIN 码。VIN 码是制造厂为了识别车辆而给一辆车指定的一组字符,国际标准化组织(International Organization for Standardization,ISO)将车辆识别方案推向世界,并制定了完善的车辆识别代号系列标准,使世界各国的车辆识别代号建立在统一的理论基础上。目前,采用这套车辆识别系统的国家已超过 30 个。我国由机械工业局发布的第一个车辆管理规则——《车辆识别代号(VIN)管理规则》于 1997 年 1 月 1 日生效使用。它在内容上采用了国际标准,在管理方式上参照了美国机动车安全标准和联邦法规,其适用范围是在中华人民共和国境内生产的汽车、挂车、摩托车和轻便摩托车。1999 年 1 月 1 日后,适用范围内的所有新生产车必须使用车辆识别代号。2004 年,国家发展和改革委员会发布了《车辆识别代号管理办法(试行)》,并于 2004 年 12 月 1 日起施行,《车辆识别代号(VIN)管理规则》同时废止。

在汽车上使用车辆识别代号,是各国政府为管理机动车辆实施的一项强制性规定。VIN 码由一组字母和阿拉伯数字组成(注:VIN 中不包含 I、O、Q 3 个英文字母),共 17 位。17 位编码经过排列组合,可以使车型生产代号在 30 年之内不发生重号,故 VIN 码又称为"汽车身份证",是一辆汽车的唯一标识。VIN 码中包含该车的生产厂家、车型系列、车身类型、发动机型号、车型年款、安全防护装置型号、检验数字、装配工厂名称和出厂顺序号码等。VIN 码具有很强的唯一性、通用性、可读性以及最大限度的信息载量和可检索性。VIN 码一般以铭牌的形式,装贴在汽车的不同部位。VIN 码常见的装贴位置有:仪表板左侧、前横梁上、行李舱内、悬架支架上、纵梁上、翼子板内侧及直接标注在车辆铭牌上。如图 1-6 所示,我国生产的轿车的 VIN 码多在仪表板左侧、前风窗玻璃后下方,在白天日光照射下,观察者不需移动任一部件,从车外即可分辨出车辆识别代号。

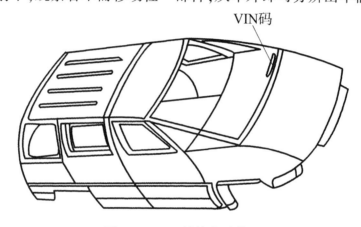

图 1-6　VIN 码的常见位置

2. VIN 码的相关术语

(1)车身形式:指车辆的一般结构或外形,如车门和车窗数量;运载货物的特征及车顶形式(如厢式车身、溜背式车身、舱背式车身),用以区别车辆。

(2)发动机型号:指动力装置的特征,如所用燃料、汽缸数量、发动机排量等。

(3)种类:指制造商对同一型号内的,在诸如车身、底盘或驾驶室类型等结构上有共同点的车辆所给予的命名。

(4)品牌:指制造厂对一类车辆或发动机所给予的名称。

(5)型号:指制造厂对具有相同类型、品牌、种类、系列及车身类型的车辆所给予的名称。

(6)车型年份:标明某个单独的车型的年份,只要实际周期不超过两个法定年份,可以不考虑车辆的实际生产年。

(7)制造厂:指标贴 VIN 码的工厂。

(8)系列:指制造厂用来表示如标价、尺寸或载质量标志等小分类的名称,主要用于商业目的。

(9)类型:指由普通特征(包括设计与目的)来区别车辆的级别。轿车、多用途载客车、载货汽车、客车、挂车、不完整车辆和摩托车是独立的类型。

3. VIN 码的组成

VIN 码由 3 个部分组成:第 1 部分,世界制造厂识别代号(WMI);第 2 部分,车辆说明部分(VDS);第 3 部分,车辆指示部分(VIS),如图 1-7 所示。

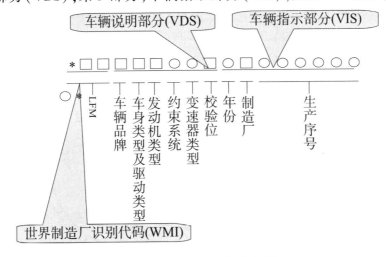

图 1-7 VIN 码组成示意图

下面我们以 VIN 码为 LFMJ34AF3G3096962 的丰田 RAV4 荣放汽车为例具体说明。

(1)第 1 部分:世界制造厂识别代号(WMI)。WMI 必须经过申请、批准和备案后方能使用。第 1 位字码是标明一个地理区域的字母或数字;第 2 位字码是标明一个特定地区内的一个国家的字母或数字;第 3 位字码是标明某个特定的制造厂的字母或数字。第 1、2、3 位字码的组合能保证制造厂识别标志的唯一性。例如,LFM 代表中国第一汽车集团公司。

(2)第 2 部分:车辆说明部分(VDS),由 6 位字码组成,如果制造厂不用其中的一位或几位字码,应在该位置填入制造厂选定的字母或数字占位。此部分应能识别车辆的一般特性,其代号顺序由制造厂决定。例中的第 4~9 位分别表示:

①J(第 4 位)表示车身类型和驱动形式。J 表示车身类型是发动机罩型 5 门、承载式,驱动形式是全轮驱动。

②34(第 5、6 位)表示发动机或电动机类型及车型系列。34 表示发动机型

式为5AR型,燃料为汽油,排量为2.5L,车型系列为40系。

③A(第7位)表示乘用车约束类型或客车车辆长度。A表示驾驶席和副驾驶席安全带、安全气囊、侧面安全气囊、膝部安全气囊、充气保护帘和安全气垫。

④F(第8位)表示车辆名称,F表示RAV4。

⑤3(第9位)为检验位,可由其他16位通过一定计算规则算出。

(3)第3部分:车辆指示部分(VIS),由8位字码组成,其最后4位字码应是数字。例中的第10~17位分别表示:

①G(第10位)表示年份,G为2016年款。车型年份对应的代码见表1-2。

车型年份对应的代码   表1-2

年份(年)	代码	年份(年)	代码	年份(年)	代码	年份(年)	代码
2001	1	2011	B	2021	M	2031	1
2002	2	2012	C	2022	N	2032	2
2003	3	2013	D	2023	P	2033	3
2004	4	2014	E	2024	R	2034	4
2005	5	2015	F	2025	S	2035	5
2006	6	2016	G	2026	T	2036	6
2007	7	2017	H	2027	V	2037	7
2008	8	2018	J	2028	W	2038	8
2009	9	2019	K	2029	X	2039	9
2010	A	2020	L	2030	Y	2040	A

②3(第11位)表示装配厂,0为天津一汽丰田汽车有限公司,3为四川一汽丰田有限公司长春丰越公司,S为四川一汽丰田有限公司。

③096962(最后6位)表示生产顺序号。一般情况下,汽车召回都是针对某一顺序号范围内的车辆,即某一批次的车辆。

4. VIN码的应用

(1)车辆管理:登记注册、信息化管理。

(2)车辆检测:年检和排放检测。

(3)车辆防盗:识别车辆,结合GPS(Global Positioning System,全球定位系统)建立盗抢数据库。

(4)车辆维修:诊断、电脑匹配、配件订购、客户关系管理。

(5)二手车交易:查询车辆历史信息。

(6)汽车召回:年代、车型、批次和数量。

(7)车辆保险:保险登记、理赔,浮动费率的信息查询。

二 汽车其他相关标识说明

1. 车辆铭牌

车辆金属铭牌应标有厂牌型号、发动机型号、发动机功率、总质量、载质量、出厂编号、出厂年月和厂名,并固定在易见部位,如图1-8所示。

a)车辆铭牌

b)铭牌位置一

c)铭牌位置二

d)铭牌位置三

图1-8 车辆铭牌

2. 发动机型号及出厂编号

发动机型号及出厂编号是汽车的重要标志之一。按规定,发动机型号应打印或铸在汽缸体的易见部位,如图1-9所示;发动机出厂编号应打印在汽缸体的易见且易拓印的部位,两端应打印起止标记。

图1-9 位于汽缸体上方的发动机型号

3. 底盘号(车架号)

现在均用 VIN 码(车辆识别代号)代替底盘编号,一般打印在车架易见部位,如图1-10所示。

第一章　汽车配件编码与查询

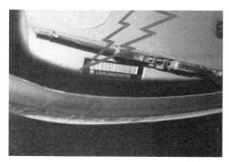

a) 前风窗玻璃下VIN码

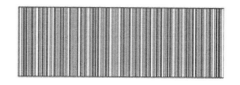

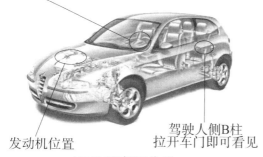

b) VIN码标识位置

c) 位于发动机右侧减振器支座上的车架号(VIN码)

d) 打在悬架上的钢印VIN码

图 1-10　常见的 VIN 码位置

4．商标

商标也是汽车的品牌标志，一般位于汽车发动机舱盖中间前部或前中网、行李舱盖、轮毂处。

5．产品型号标识

汽车尾门右下角一般都标有产品型号标牌。

三　汽车配件编号规则

为了提高配件管理人员的工作效率，保证订购配件信息的准确性，采用电子化或网络化的汽车配件管理系统已是大势所趋。另外,不同生产厂家、不同车型和年款的汽车配件互换性非常复杂,只有采用基于计算机的数据库技术才能对配件的互换性匹配进行快速、准确的查找与对比。为使汽车配件能适应计算机管理,以便于提高采购时的准确性,汽车制造厂家都对所生产的汽车配件实行编码分类,虽然编码的规定各不相同,但都有相对固定的规则。这些固定的编码通称原厂编码,由英文字母和数字组成,每一个字符都有特定的含义,即每一个配件都用一组不定量的数字和字母表示,不同的制造厂家表示的方法都不同,每个汽车制造厂商均有自己的一套配件编号体系,不能通用。

汽车配件编码一般采用10~15位数字或英文字母组合构成汽车配件编号,编号是唯一的,一种配件对应一个编号。有些公司的配件编号分为若干段,目的是便于识别配件所属总成或大类。下面结合丰田公司和大众公司的实例加以说明。

(一)丰田汽车公司配件编号体系和原则

丰田汽车配件编号一般由10个或12个数字或英文字母组成,各具有一定的含义。

丰田配件编号系统可分为下列6个主要类别:普通件、组件、套件(修理包)、专用工具、标准件和半标准件、精品和矿物油。

1. 普通件编号

普通件具体分为单一件、半总成件、总成件。其编号形式为:●●●●● - ○○○○○ - ○○。前5位为基本编号,表示配件的种类,也就是配件名称;中间5位是设计编号和变更编号,表示配件所对应的车型;后两位是附属号,表示配件的颜色及其他,如16100 - 50010这里的16100就是指发动机部分的水泵,而50010就是指凌志400车所用的配件。

汽车配件编号
规则一

1)单一件编号

单一件编号前5位全部没有0,例如16271 - 50010表示水泵垫片,88471 - 30370表示空调系统的干燥瓶,13568 - 49035表示发动机的正时皮带。

2)半总成件编号

半总成件编号中的第3位数或第4位数为0,或者第3、第4位数都为0,但是第5位不为0。例如13405 - 46040表示飞轮,35013 - 30300表示自动变速器的油尺套管,67002 - 30730表示右前门的嵌(饰)板。

3)总成件编号

总成件由单一件或半总成件所组成。第 5 位为 0,组成件数较多,则第 3、第 4 位数为 0。例如 11400 为中缸,53510 为门锁总成。

2. 组件编号

为了便于修理,由一个主要的零件与几个小零件组成一个组件,其零件编号的特点为:第 7 位为 9,最后一个数字由 5~9 的数字组成,如水泵组件的编号为 16100 - 29085。

3. 修理包编号

修理包编号的形式为:04 ○○○ - ○○○○○。修理包配件编号规则为全部由 04 开头。例如 04111 - 46030 表示发动机的大修包,04351 - 30150 表示变速器的大修包,04993 - 33090 表示制动主泵套件/修理包。

4. 专用工具编号

专用工具编号的形式为:09○○○ - ○○○○○。专用工具配件编号规则一般都以 09 开头,但部分随车工具除外。

5. 标准件和半标准件编号

标准件和半标准件编号的形式为:9○○○○ - ○○○○○。标准件是指那些材料质量、形状、尺寸等按照丰田汽车的标准进行标准化的配件,例如六角螺栓、螺母、垫圈、螺钉等;半标准件是指那些类似于标准件的非标准件,它们也经常被采用,例如特殊螺钉、轴承、油封等。标准件和半标准件第一位数均用 9 表示,半标准件的第二位数为 0。

6. 精品和矿物油编号

精品矿物油编号形式为:08 ○○○ - ○○○○○。该编号一般都以 08 开头。

另外还有一些与配件编码相关的含义。

1)部位编号

其编号形式为:○○●●○ - ○○○○○。部位编号表示配件在分组中的位置(右、左区分),例如 48510 为前右减振器总成,81150 为左前照灯总成。

2)细分号

其编号形式为:○○○○● - ○○○○○。细分号表示指定配件(含区分右、左、上、下),例如 53801 为前右翼子板,48069 为左前下悬架。

3) 顺序编号

其编号形式为:○○○○○ - ○○●●○。对配件号码由第 1 位至第 7 位数皆相同的配件,按照登记顺序而赋予 01~89 的顺序编号。例如针对同一种车型的顺序编号 16100 - 50010 和 15100 - 50022。

4) 设计变更号

其编号形式为:○○○○○ - ○○○○●。配件设计变更时依序由 0~9 表示,表示新旧编号的替代情况。

5) 附属号

其编号形式为:○○○○○ - ○○○○○ - ●●。附属号代表颜色或尺寸规格大小,如 AO 为白色,BO 为银色,CO 为黑色等。

(二) 德国大众汽车配件编号规则

在德国大众配件管理体系中,配件通过阿拉伯数字和 26 个英文字母的组合,使之成为一套简明、完整、精确、科学的配件号系统,每一种配件只对应一个号码。德国大众各配件号码一般由 14 位组成,其组成及含义如下。

例如: 191　　863　　241　　AP　　LN8　　中央托架
　　　 (1)　　(2)　　(3)　　(4)　　(5)

汽车配件编号规则二

1. 车型及型号标记

前 3 位表示车型或机组型号。它们说明这些配件最初为哪种车型、哪种发动机和变速器设计和使用。从标记的第 3 位数字可以区别是左驾驶还是右驾驶。一般规定:单数为左驾驶,双数为右驾驶。

例如:表示车型的——甲壳虫(113)　857　501　AB　01 C　后视镜
　　　　　　　　　——高尔夫(191)　419　831　　　　　　转向器防护套
　　　　　　　　　——捷达(165)　　941　017　K　　　　左前照灯
　　表示机组型号的——发动机(027)　100　103　K V　　短发动机
　　　　　　　　　——变速器(020)　300　045　T　　　四速变速器
　　　　　　　　　——起动机(055)　911　023　K　　　起动机

2. 大类及小类

根据配件在汽车结构中的差异及性能的不同,德国大众各配件号码系统将配件号分成 10 大类(10 个主组,见表 1-3),每大类(主组)又分为若干小类(子组),小类(子组)的数目和大小因结构不同而不同,小类(子组)只有跟大类(主组)组合在一起才有意义。

大众汽车配件分类表　　　　　　　　　　　　　　表1-3

类别	明　细	类别	明　细
1大类	发动机、燃油喷射系统	6大类	车轮、制动系统
2大类	燃油箱、排气系统、空调制冷循环部件	7大类	手动、脚动杠杆操作机构
3大类	变速器	8大类	车身及装饰件、空调壳体、前后保险杠
4大类	前轴、前轮驱动差速器、转向系统、前减振器	9大类	电器
5大类	后轴、后轮驱动差速器、后减振器	10大类	附件(千斤顶、天线、收音机)

例如:191　863　241　AF　LN8中的863,8为大类,称为主组,指车身及装饰件、空调壳体、前后保险杠;63为小类,称为子组,如63为托架,57为后视镜,45为玻璃,31为车门。

3.配件号

按照其结构顺序排列的配件号由3位数(001~999)组成,如果配件不分左右,既可在左边又可在右边使用,最后一位数字为单数;如果配件分左右件,一般单数为左边件,双数为右边件。

例如:191　863　241　AP　LN8中的241。

4.设计变更/技术更改号

设计变更号由一个或两个字母组成,表示该件的技术曾经更改过,其中包括不同的材料、不同的结构、不同的技术要求等,如公差、硬度、不同的配件来源。

示例:357　612　107——357　612　107　A　　制动阻力器
　　　191　500　051　H——191　500　051　G　　后桥体

5.颜色代码

颜色代码用3位数字或3位字母的组合来表示,它说明该配件具有某种颜色特征,如01C为黑色带有光泽,041为暗黑色,043为黑花纹,R0H为未加工的原色。

由上可见,各汽车制造厂采用不同的编号体系,汽车配件经销商一般沿用原厂编号体系,这样便于采购订货,不易出错。

第三节 汽车配件查询

一、汽车配件查询工具

通过查阅配件目录来确认配件编号。汽车配件查询工具主要有纸版配件手册、微缩胶片配件目录和电子配件目录(CD 光盘)3 种形式。三者只是载体的形式不同,纸版内容是一样的。微缩胶片配件目录目前已逐步淘汰,故此不作特别介绍,而使用较多的主要是计算机系统,将在本章第四节着重介绍。

1. 纸版配件图册

纸版配件图册(图 1-11)是人工查询汽车配件的工具,汽车制造厂根据每一种车型编辑一本手册,内容包括该车型所有配件的名称、配件编号、单车用量及代用配件编号等详细信息,并附有多种查询方法,如按配件名称、配件编号、汽车总成分类及图形索引等方法查询。纸版配件图册使用方便,但查找效率低,资料无法及时更新;体积大,需要较大的存放空间;易污损,资料完整性难以保证。为此,现在越来越多的使用者是采用

图 1-11　纸版配件图册

电子配件目录进行配件的查询。

2. 电子配件目录(CD 光盘)

电子配件目录是帮助专业人员应用计算机管理系统正确查询或检索配件的图号、名称、数量、件号及装配位置、立体形状、库存信息、价格等的技术资料。计算机光盘容量大,一张光盘可以容纳多个车型甚至一家公司全部车型的配件手册内容。光盘系统查询方式灵活多样,非常方便。随着汽修、汽配企业计算机管理的普及,光盘应用越来越广泛。光盘存储形式的电子目录具有信息承载量大、查询简单、更新方便、成本低的特点,因此在配件经销领域获得了广泛的应用。

目前各大厂商都根据自身的需求开发了相应的配件服务系统,其结构和功能之间有较大的差异,但实际内容是一致的,其中都包含了所有车辆配件的相关信息。安装电子配件目录系统后,通过计算机就可很方便地查询到所需配件,并且以装配图等多种方式显示出来,替代了传统查询手册的方式,更准确(因可定期和厂家修改技术资料和同步升级)、方便和快捷。目前配件的检索与显示已经做到了三维立体视图,立体插图中的插图号与电子配件目录中的配件号、配件名称、备注说明、每车件数、车型匹配,形成一一对应关系。被授权的经销商可与厂家建立良好的信息沟通渠道,通过联网或定期升级电子配件目录,及时掌握配件的变更信息,并实时地更新自己的配件信息库,实现资源共享,同步升级。

二 汽车配件查询方法和步骤

如何根据客户的描述去查询和确认客户所需配件呢?一般的汽车配件电子目录查询软件都提供了多种查询检索途径,配件管理人员可根据具体情况选择不同的查询方法获取所需的信息。常用汽车配件的检索方法有按汽车配件名称(件名或件名英文字母顺序)索引检索、按汽车总成分类索引检索、按配件图形(图号)索引检索、按配件编号(件号)索引检索等,现分述如下。

1. 按汽车配件名称(件名或件名英文字母顺序)索引检索

在进口汽车配件手册中均附有按配件名称字母顺序编排的索引,如果知道所需配件的英文名称,即使缺乏专业知识的人员,采用此种方法也能较快地查找该配件的有关信息。

2. 按汽车总成分类索引检索

把汽车配件按总成分类列表,如发动机、传动系统、电气设备、转向系统、制动系统、车身附件等,根据配件所属总成,查出对应的地址编号或模块编号,再根据编号查询出该配件的有关详细信息。不同的汽车公司、车系分法也有所不同,因此,汽车总成分类索引检索适用于对汽车配件结构较熟悉的专业人员使用,知道某一个配件属于哪个总成部分,才能够快速查询和确认客户所需配件。

汽车配件检索方法

3. 按配件图形(图号)索引检索

把汽车整车分解成若干个模块,采用图表相结合的方式,用立体装配关系

(图1-12)展开图能直观、清楚地显示出各个配件的形状、安装位置及其装配关系,并在对应的表中列出配件名称、配件编号、单车用量等详细信息。按图形(图号)索引查询的特点是能直观、准确、方便、迅速地确定所需配件。

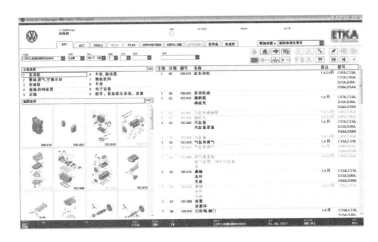

图1-12　按配件图形索引

4.按汽车配件编号(件号)索引检索

一般汽车配件上均有该配件的编号,如果所需配件编号已知,则采用本方法能准确、迅速地查询到该配件的有关信息。一个配件的名称可能因翻译、方言等叫法不同,但配件编号是唯一的。配件编号索引检索是根据已知的配件编号,再按大小顺序排列的配件编号索引中快速查找该配件的地址编码或所在页码,然后查询其详细信息。

除上述几种检索方法外,还有根据汽车配件名称编码(Part Name Code,PNC)查询等方法,不同汽车制造厂家的配件目录系统都提供了多种配件查询方法供配件人员根据需要选择,以上列举的只是常见的几种方法。

第四节　汽车配件电子目录查询示例

由于现在普遍采用电子配件目录查询系统进行配件的查询,因此,汽车配件管理人员应该熟练地掌握汽车配件查询软件的用法。下面通过两个示例说明汽车配件的查询方法。

示例一:丰田计算机软件系统查询汽车配件

(1)已知车辆的VIN码为LFMARE2C290215565,查询该车2号转向中间轴的配件编码。

登录丰田汽车配件查询软件主界面,如图 1-13 所示。

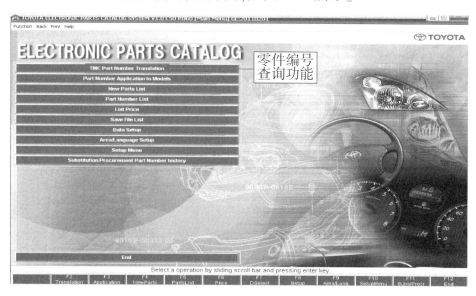

图 1-13　一汽丰田电子配件目录主窗口界面

点击"HMC Part Number Translation"(零件编号查询功能),出现的界面如图 1-14 所示。

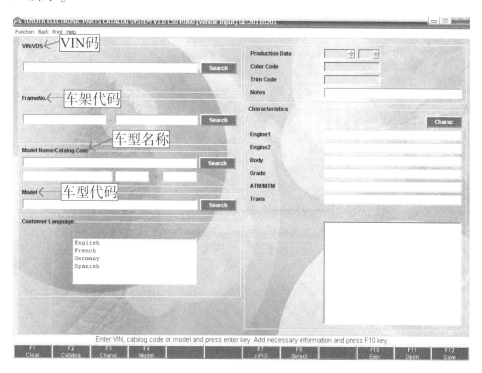

图 1-14　输入车辆 VIN 码的输入界面

输入车辆 VIN 码,点击"Search"按钮,如图 1-15 所示。

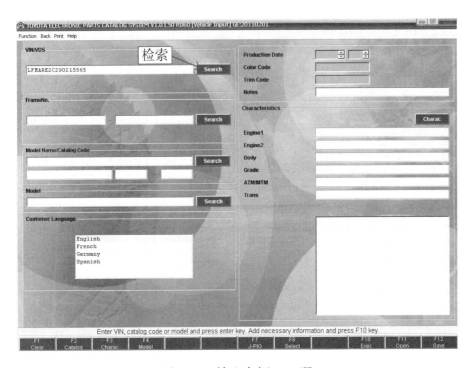

图 1-15　输入车辆 VIN 码

进入详细车辆信息界面,点击"F10"执行键,如图 1-16 所示。

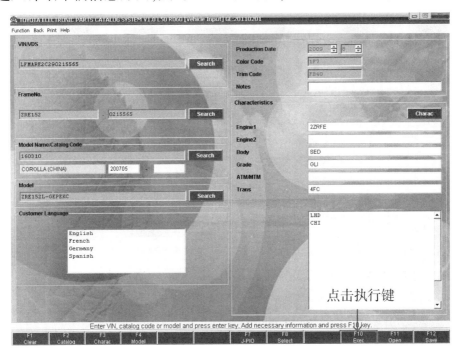

图 1-16　进入详细车辆信息界面

进入图 1-17 所示的界面,点击"Exec"执行键。

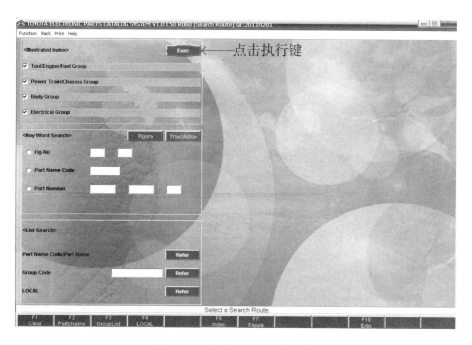

图1-17 点击"Exec"执行键

进入系统选择界面,如图1-18所示。由于2号转向中间轴属于底盘传动系统,因此,进入底盘传动系统(Power Train/ Chassis Group)部位图,如图1-19所示。然后点击"45-01转向柱和转向轴"图。

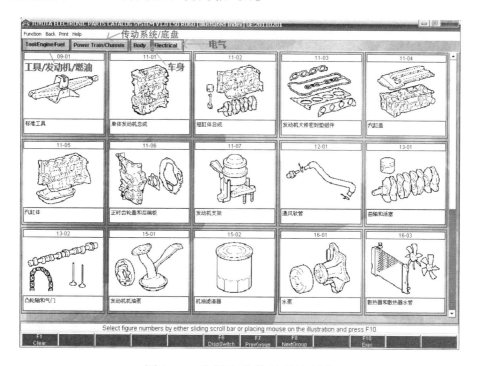

图1-18 选择底盘传动系统部分

进入该界面后,从图 1-19 所示系统中选择转向柱和转向轴部分,点击后可以获得该部分的放大图,如图 1-20 所示。

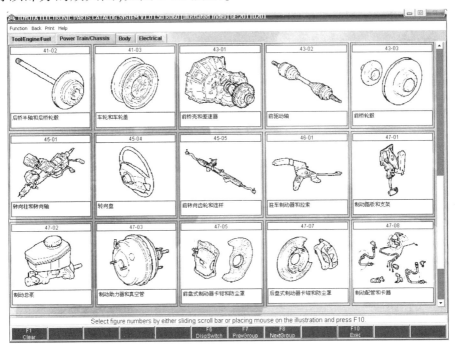

图 1-19　进入底盘传动系统界面

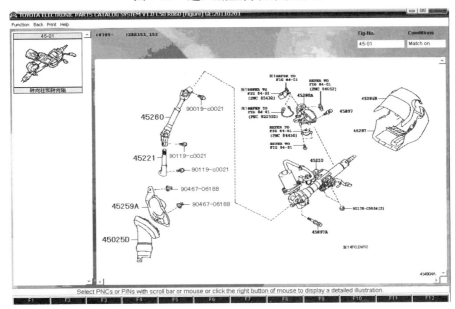

图 1-20　进入转向柱和转向轴的分视图

选择 2 号转向中间轴编码,点击,如图 1-21 所示。

获得相应的配件编码"45260 – 02100",如图 1-22 所示。

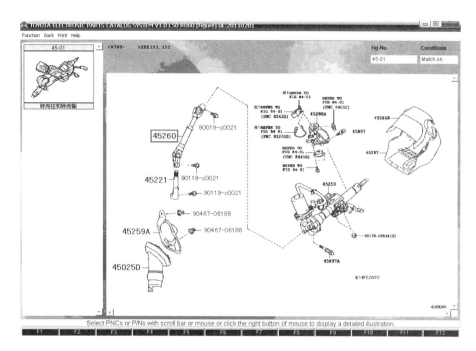

图 1-21 获得该组放大图并选择 2 号转向中间轴

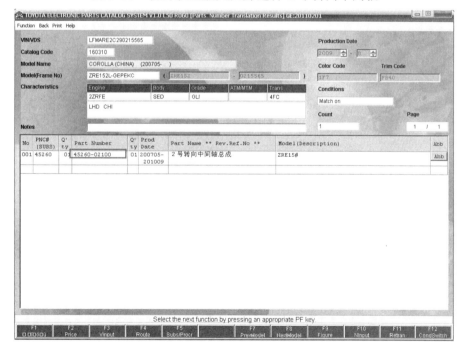

图 1-22 2 号转向中间轴的配件编码

(2)通过配件编号直接查询配件。如输入配件编号 04465-33340,点击查询后即可得到关于该配件的相关信息,如图 1-23 所示。

(3)通过汽车总成分类(图例图号)索引查询。按一汽丰田汽车配件管理软件汽车图例图号索引查询的总界面,如图 1-24 所示。

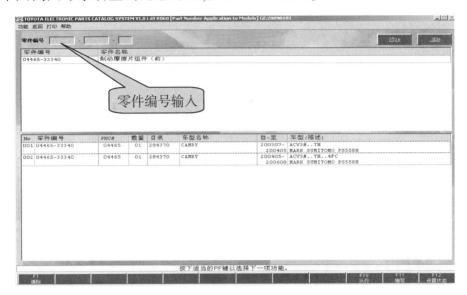

图 1-23　通过配件编号即件号直接查询配件的界面

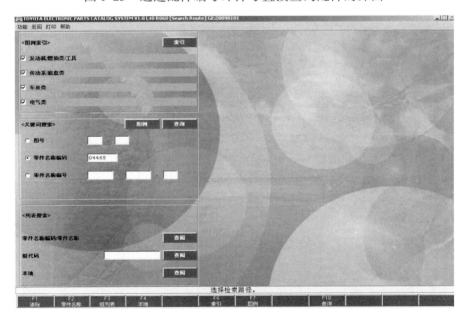

图 1-24　汽车总成分类(图例图号)索引查询界面

如要查发动机活塞件,则点击发动机/燃油类/工具条目,进入如图 1-25 所示界面,再根据界面所示的图例、图号查询所需具体配件。

其他按总成分类的图例图号分类索引界面,分别如图 1-26 ~ 图 1-28 所示。

(4)按 PNC 查询。查询者已知该 PNC,但需确认该零件的形状、位置或适用车型、生产日期、零件名称等信息。图 1-29 所示为按 PNC 查询界面。

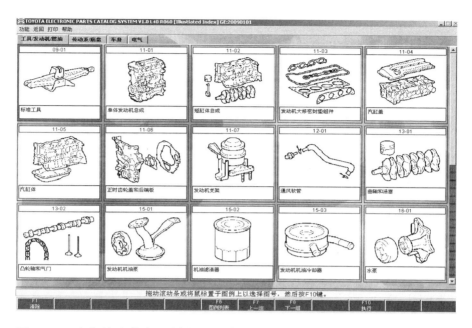

图1-25　汽车总成分类(图例图号)索引——发动机/燃油类/工具查询界面

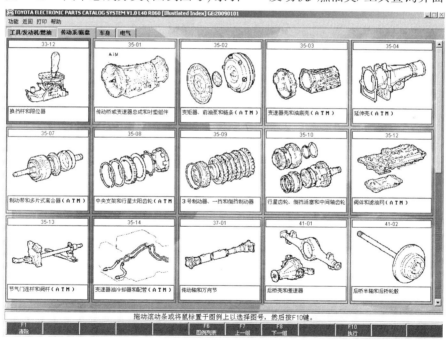

图1-26　汽车总成分类(图例图号)索引——传动系统/底盘类查询界面

示例二：一汽大众汽车配件电子目录查询

(1)一汽大众电子配件目录主窗口界面如图1-30所示。

(2)只要点击主窗口的任何一个位置就会进入选择车系的窗口,如图1-31所示。

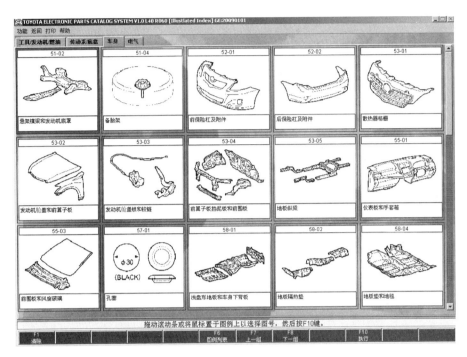

图 1-27 汽车总成分类(图例图号)索引——车身类查询界面

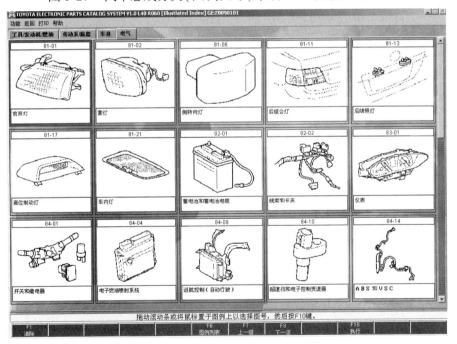

图 1-28 汽车总成分类(图例图号)索引——电器类查询界面

(3)通过点击车系的标志选择该车系,并进入选择车型的界面,如图 1-32 所示。

(4)点击选择相应车型,进入车型各系统界面,如图 1-33 所示。

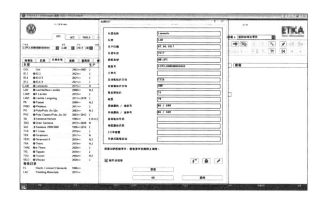 

图 1-29　按 PNC 查询界面　　　　图 1-30　一汽大众电子配件
　　　　　　　　　　　　　　　　　　　　　　目录主窗口界面

图 1-31　选择车系主窗口界面

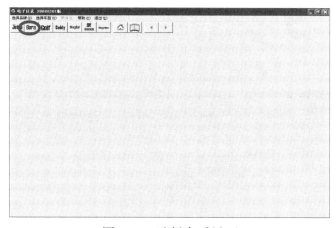

图 1-32　选择车系界面

　　(5)点击相应系统,电子目录会显示该系统所包含的所有配件属性,如图 1-34 所示。

　　(6)双击任何配件,系统会显示该配件各型号的详细图片,并显示该配件的配件号和名称,如图 1-35 所示。

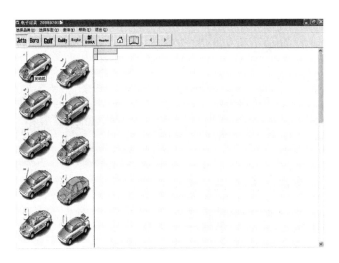

图 1-33　车系各系统界面

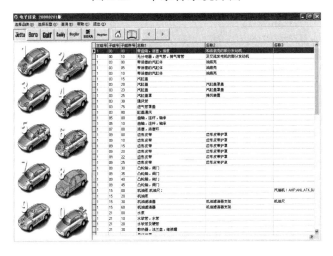

图 1-34　选择相应系统所显示界面

图 1-35　所选相应配件界面

以上示例简单介绍了丰田和一汽大众的电子目录系统,具体操作应通过模拟训练进行熟悉。实际工作中,配件订货是依据配件电子目录立体插图及配件库存数来完成的。正确找出某一个配件插图,理解其结构、原理、功用,以及是否易损件等,是正确订货的依据。现代汽车是融合了多种高新技术的集合体,其每一个配件都具有严格的型号、规格、工况标准。要在不同型号汽车的成千上万个配件品种中为顾客精确、快速查找出所需的配件,就必须有高度专业化的人员,并以计算机管理系统作保障。从业人员既要掌握商品营销知识,又要掌握汽车配件专业知识、材料知识、机械知识等。

❓ 我思我想

标　　准

根据前面的内容:"按国家标准设计与制造的,并具有通用互换性的配件称为标准件。……副厂件:是由专业配件厂家生产的,虽然不与整车制造厂配套安装在新车上,但它是按制造厂标准生产的、达到制造厂技术指标要求的配件。……自制件:是配件厂家依据自己对汽车配件标准的理解自行生产的,外观和使用效果与合格配件相似,但是其技术指标由配件制造厂自行保证,与整车制造厂无关的配件。……需要说明的是,不论副厂件还是自制件,都必须达到指定标准水平。"

标准是人类文明进步的成果。从我国古代的"车同轨、书同文",到现代工业规模化生产,都是标准化的生动实践。伴随着经济全球化深入发展,标准化在便利经贸往来、支撑产业发展、促进科技进步、规范社会治理中的作用日益凸显。标准已成为世界"通用语言"。世界需要标准协同发展,标准促进世界互联互通。中国将积极实施标准化战略,以标准助力创新发展、协调发展、绿色发展、开放发展、共享发展。

延伸讨论:1. 你认为一名优秀的汽车配件管理人员需要遵循和掌握的标准有哪些?

2. 标准对汽车配件管理人员的意义何在?

3. 如何理解当今世界的标准之争?

🍎 学习评价

一、基础知识

1. 汽车配件常用的分类方法有哪些?具体内容是什么?

2. 车辆识别代号(VIN 码)的组成与作用是什么?
3. 车辆识别代号常见的标识位置有哪些?
4. 汽车配件查询工具主要有哪些?
5. 汽车配件查询的方法主要有哪些?
6. 已知车型和配件的名称,如何查询配件的编码?

二、能力考核

能力考核表见表 1-4。

能力考核表　　　　　　表 1-4

序号	考核内容	配分	评分标准	考核记录	扣分	得分
1	查找 VIN 码	25 分	找出指定车辆的标牌、发动机型号、底盘号,获得车型、VIN 码等信息。错误一项扣 5 分			
2	查询卡罗拉左前照灯组合的配件编码(车型和配件可由教师根据实际情况确定)	20 分	已知该车 VIN 码,利用电子配件目录。按汽车总成分类(图例、图号)索引查询指定配件。错误一项扣 5 分			
3	查询卡罗拉机油滤清器的配件编码	25 分	按 PNC 查询指定配件,利用电子配件目录或工具书籍查找出配件的编号。错误一项扣 5 分			
4	安全	10 分	操作安全事项。错误一项扣 5 分			
5	5S 管理	10 分	错误一项扣 5 分			
6	沟通表达	10 分	错误一项扣 5 分			
7	分数统计	100 分				

第二章

汽车配件订货与采购

 学习目标

通过本章的学习,你应能:

1. 根据企业需求确定安全库存量,科学拟订采购计划;
2. 熟悉配件订货成单流程,包括库存补充件、客户预定件的订货程序;会运用汽车配件计算机管理系统生成配件订单,传给配件供应商或汽车厂商配件部门并进行跟踪;
3. 知道汽车配件采购合同商谈签订的要点,会拟订汽车配件采购合同;
4. 运用简单的方法鉴别汽车配件质量,具备初步区分假冒伪劣配件的能力;
5. 在进行汽车配件订货与采购时,必须科学、诚信、守法。

建议学时

8学时。

 工作情景描述

某品牌汽车4S店有部分配件需要订购,请你对订购的数量和供货商进行分析和选择;对新订购的这批配件进行验收,按照标准验收流程,采用多种验收方法;使用品牌的专业软件进行订货。

学习引导

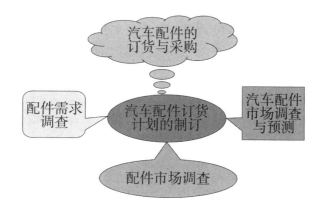

第一节 汽车配件市场调查与预测

一 汽车配件市场调查与预测的概念

配件订货是汽车配件管理的重要一环。订货员应具有职业敏感性，及时了解汽车及配件市场信息，对市场进行准确的调研和预测，为制订配件订货计划提供现实依据，并将有关信息反馈给配件供应商及汽车厂商配件科。

1. 市场的概念

市场是商品经济运行的载体或现实表现。一般认为，市场有以下4层含义：

(1) 市场是商品交换场所和领域。

(2) 市场是商品生产者和商品消费者之间各种经济关系的汇合和总和。

(3) 市场是某种或某类商品的需求量。

(4) 市场存在现实顾客和潜在顾客。

2. 汽车配件市场调查

市场调查主要是指运用科学的方法，有目的地、有系统地搜集、记录、整理有关市场营销信息和资料，分析市场情况，了解市场的现状及其发展趋势，为市场预测和营销决策提供客观正确的资料。它包括市场环境调查、市场状况调查、销售可能性调查以及对消费者及消费需求、企业产品、产品价格、影响销售的社会和自然因素、销售渠道等进行的调查。

汽车配件市场调查是应用各种科学的调查方法，搜集、整理、分析汽车配件市场资料，对汽车配件市场的状况进行反映或描述，以认识汽车配件市场发展变化规律的过程。

3. 汽车配件市场预测

市场预测是指根据汽车配件市场过去和现在的表现，应用科学的预测方法对汽车配件市场未来的发展变化进行预计或估计，为科学决策提供依据。

二 汽车配件市场调查和预测的作用

1. 为制订合理的汽车配件采购与仓储计划提供科学依据

市场需求是变化的，汽车配件采购与仓储也需要随着市场需求的变化而变化。通过对汽车配件市场的调查与预测,可以为汽车服务企业制订合理的汽车配件采购与仓储计划提供科学依据。

2. 是汽车配件仓库设计决策的必要条件

对于在建的汽车售后服务企业,无论是汽车配件销售公司、汽车综合维修公司,还是汽车服务4S店,其汽车配件仓库设计的基础是汽车配件市场调查与预测的结果,因此,进行市场调查与预测是汽车配件仓库设计决策的必要条件。

3. 对促进和满足汽车配件消费需求有显著作用

对于汽车服务企业而言,合理的汽车配件仓储可以促进汽车配件消费需求的增长,稳定客户群,减少客户流失率。而缺乏仓储会抑制汽车配件消费需求,导致客户流失。

4. 为提高汽车服务企业资金使用效率与效益提供强力支撑

汽车配件管理的使命是最大限度地及时满足用户需求和优化库存带来的低库存金额,以获得良好的营业收益。汽车配件占用汽车服务企业流动资金相当大的一部分,对于汽车配件销售公司来说,汽车配件占用了流动资金的大部分;而对于汽车服务4S店,存货主要包括新车和汽车配件两个部分,汽车配件占用了汽车服务4S店的大部分流动资金。因此,优化库存对提高企业的资金使用效率与效益有重要的现实意义,而要做到这些必须要进行汽车配件市场调查并在此基础上进行准确的市场需求预测才能实现。

 汽车配件市场调查的方式与步骤

1. 准备阶段

开展汽车配件市场调查需要进行如下准备工作:
(1)确定调查目的与内容。
(2)组织市场调查精干队伍。
(3)调查方案策划与调查表格设计。
(4)确定调查方法。
(5)制订调查经费预算。

2. 搜集资料阶段

1)调查对象

汽车配件市场调查对象一般有汽车生产商、汽车交易市场、汽车4S店、汽车租赁市场、二手汽车市场、汽车行业协会、公安车辆管理所、汽车购置税征收机构等,也包括汽车媒体和国家统计公布的数据。

2)调查方式

(1)定点专访:专访公安车辆管理所、车辆购置税务机关,合理使用不涉及公民私人信息以及社会实体的车辆档案信息。

(2)大样本调查:向社会公众进行调查,了解公众对汽车配件需求的信息。

(3)小组座谈:邀请车主、汽车维修员工、汽车配件经营商户等方面的代表进行座谈,了解对汽车配件需求、使用等方面的信息。

(4)汽车服务4S店销售服务数据统计。

3.市场调查研究阶段

(1)鉴别资料:对市场调查所得的信息进行鉴别,以获得有用的信息。

(2)整理资料:对有用的信息进行分类整理,并制作填写各种图表。

(3)统计分析:对经过分类整理有用的信息进行数理统计分析,以获得具有统计学意义的调查数据。

(4)定性研究:根据调查获得的调查数据进行定性研究,为调查报告的撰写作准备。

4.市场调查报告撰写阶段

汽车配件市场调查报告是调查工作的最终成果。调查报告的撰写要客观完整、重点突出、紧扣主题、简明扼要、层次分明。

汽车配件市场调查报告应包括如下内容。

(1)前言:概述调查目的、调查资料来源及调查经过、调查方法和技术以及进行必要的致谢等。

(2)正文:对调查任务的说明,用各种分析图表及数据对调查结果进行阐述,并给出对策建议等。

(3)附件:调查项目负责人及主要参加者的名单、专业特长及分工,数据处理方法及所用软件等;引用的公开发表的政府机关文件、报告、协会发表的各种数据等。

(四) 汽车配件市场调查方法

汽车配件市场调查的方法可以分为间接调查法和直接调查法。

（一）间接调查法

间接调查法是指从各种文献档案中获取资料的方法，通常间接调查所获得的都是二手资料，因此又把间接调查法称为二手资料调查法。间接调查法的主要优点表现为：获取信息所需的时间和费用较少；不受时间和空间的限制；间接调查收集的资料，不受调查人员和被调查者的主观因素干扰，反映的信息比较客观、真实。其缺点表现为：间接调查所获取的信息时效性差；间接调查的信息很难与调查活动要求一致，需要进一步的加工处理；间接调查资料分析处理的难度相对较大。

间接调查的资料来源主要是企业内部资料及外部资料。内部资料来源于企业的会计数据、各管理部门提供的相关资料（如进货统计、销售报告、库存动态记录等）以及其他各类记录。外部资料主要来源于政府机构、行业协会、信息咨询机构、图书文献等的一些统计资料。由于间接调查所获得的是二手资料，所反映的信息时效性不强，而且还需要进行一定的加工处理，因此，在企业的实际调查过程中，一般不常用这种方法，只是把它作为一种辅助的调查方法。在汽车配件市场调查中常用的是直接调查法。

（二）直接调查法

直接调查法是指通过实地调查收集资料、获取信息的一种方法，直接调查法所获取的都是一手资料，时效性非常强，更能反映真实的市场情况。直接调查法主要又包括访谈法、观察法、实验法3种方法，其中访谈法又是被广泛运用的一种调查方法。

1. 访谈法

访谈法是通过直接或间接问答方式来收集信息的方法，是汽车配件市场调查最常用的方法。利用这种方法，调查人员可以灵活地提出各种设计好的问题，通过被调查人员对问题的回答来收集信息，针对性强。访谈法具体又可以分为问卷调查法、面谈调查法和电话调查法。

1) 问卷调查法

问卷调查法也称为"书面调查法"，或称"填表法"，是用书面形式间接搜集研究材料的一种调查手段。它通过向调查者发出简明扼要的征询单（表），请示填写对有关问题的意见和建议来间接获得材料和信息。

问卷调查法是目前汽车企业中广泛采用的调查方法,这种方法一般是先根据调查目的设计好各类调查问卷;然后采取抽样的方式确定调查样本,通过调查员对样本的访问,完成事先设计的调查项目;最后,由统计分析得出调查结果。问卷调查的成功与否关键取决于问卷的设计是否合理。

(1)问卷的设计原则。

问卷的设计应具备下面几个方面的原则:紧扣调查的主题;上下连贯,问题之间要有一定的逻辑性;设计被调查者愿意回答的问题;被调查回答问题要方便;问题要有普遍性;问题界定准确;问题不应带有引导性;便于整理统计与分析。

(2)问卷的基本结构。

①问题及填写说明。应以亲切的口吻问询被调查者,使被调查者感到礼貌、亲切,从而增加回答问题的热情。简要说明填写要求,以提高调查结果的准确性。

②调查内容。调查内容即问卷的主体部分。

③被调查者基本情况。被调查者基本情况包括被调查者的性别、年龄、职业、文化程度等,根据调查需要,选择性地列出,其目的是便于进行资料分类和具体分析。

(3)问题的设计。

问题一般分为以下种类:背景性问题,主要是被调查者个人的基本情况;客观性问题,是指已经发生和正在发生的各种事实和行为;主观性问题,是指人们的思想、感情、态度、愿望等一切主观世界状况方面的问题;检验性问题,为检验回答是否真实、准确而设计的问题。

因此在设计问题时应当遵循以下原则:客观性原则,即设计的问题必须符合客观实际情况;必要性原则,即必须围绕调查课题和研究假设设计最必要的问题;可能性原则,即必须符合被调查者回答问题的能力,凡是超越被调查者理解能力、记忆能力、计算能力、回答能力的问题,都不应该提出;自愿性原则,即必须考虑被调查者是否自愿真实回答问题。凡被调查者不可能自愿真实回答的问题,都不应该正面提出。

2)面谈调查法

面谈调查法是调查人员与被调查人员进行面对面的谈话,从而获得信息的一种方法。面谈调查可分为个人面谈和小组面谈两种方式。个人面谈时,调查员到消费者家中、办公室或在街头与被调查人员进行一对一面谈。小组面谈是邀请6～10名消费者,由有经验的调查者组织对方进行讨论某一产品、服务或营销措施,从中获得更有深度的市场信息。小组面谈是设计大规模市场调查前的一个重要步骤,利用它可以预知消费者的感觉、态度和行为,明确调查所要了解的资料和解决的问题。

面谈调查法的优点是:

(1)能当面听取被调查者的意见,并观察其反映;回收率高,可以提高调查结果的代表性和准确度。

(2)可以从被调查者的个人条件推测其经济状况,进而判断对方回答问题的真实程度。

(3)对于从被调查者不愿意回答或回答困难的问题,可以详细解释,启发和激励对方合作,以顺利完成调查任务。

面谈调查法的缺点是:

(1)调查费用支出大。特别是对于复杂的、大规模的市场调查,人力、财力和物力消耗很大。

(2)很难对调查员的工作进行监督和控制。如有的调查员为尽早完成调查任务,不按照样本的随机原则抽样;有的调查员在调查了部分样本后即终止调查做出结论;有的调查员甚至不进行实地调查,随意编造调查结果。对于这些问题,调查组织者应采用必要的制度约束和相应的监控手段,加强对调查员的管理。

(3)对调查员的素质要求较高。调查结果易受调查员的工作态度和技术熟练程度的影响。

3)电话调查法

电话调查法是指调查者按照统一问卷,通过电话向被访者提问并笔录答案。例如打电话定期询问顾客对汽车销售企业服务的感觉如何,有什么需要改进的方面等。

电话调查法在电话普及率很高的国家很常用,在我国只适用于电话普及率高的人口总体。电话调查速度快、范围广、费用低、回答率高、误差小,在电话中回答问题一般较坦率,适用于不习惯面谈的人;但调查时间短,答案简单,难以深入,且受电话设备的限制。

2. 观察法

观察法是调查者在现场对被调查者的情况直接观察、记录,以取得市场信息资料的一种调查方法。在观察时,调查人员既可以耳闻目睹现场情况,也可以利用照相机、录音机、摄像机等设备对现场情况做间接的观察,以获取真实信息。运用观察法收集资料的优点在于,调查人员与被调查者不发生直接接触,这种情况下,被调查者的活动不受外在因素的影响,处于自然的活动状态,行为真实,因而获取的资料会更加反映实际情况。但观察法的缺点是不容易观察到被调查者的内心世界,不易了解内在的东西,有时需要做长时间的观察才能得出结果。

要想成功使用观察法,并使其成为市场调查中数据收集的工具,必须具备如下条件:首先是所需要的信息必须是能观察到并能够从观察的行为中推断出来的;其次是所观察的行为必须是重复的、频繁的或者是可预测的;再次是被调查的行为是短期的,并可获得结果的。

观察法在汽车市场的调查中,也运用得比较广泛,例如对车型保有量的观察、汽车营销展厅的现场观察、车辆库存观察等。

3. 实验法

实验法也称试验调查法,是指实验者按照一定实验假设、通过改变某些实验环境的时间活动来认识实验对象的本质及其发展规律的调查。实验调查的基本要素是:实验者,即实验调查的有目的、有意识的活动主体,他们都是以一定的实验假设来指导自己的实验活动的;实验对象,即实验调查者所要认识的客体,他们往往被分成实验组和对照组这两类对象;实验环境,即实验对象所处的各种社会条件的总和,它们可以分为人工实验环境和自然实验环境;实验活动,即改变实验对象所处社会条件的各种实验活动,它们在实验调查中被称为"实验激发";实验检测,即在实验过程中对实验对象所做的检查或测定,它可以分为实验激发前的检测和实验激发后的检测。

实验法是在汽车市场调查中,一般会将调查范围缩小到一个比较小的规模上,进行实验后取得一定结果,然后再推断出总体可能的结果,通过实验对比来取得市场信息资料的调查方法。具体做法是:从影响调查对象的若干因素中选出一个或几个因素作为实验因素,在其他因素不变的条件下,了解实验因素变化对调查对象的影响。实验完成后,用市场调查方法分析这种实验性的推销方法或产品是否值得大规模推广。这种调查方法的优点是比较科学,具有客观性;缺点是实验的时间可能较长,成本高。

上面讲述了关于汽车配件市场调查的多种方法,在实际的调查过程,应该根据调查的目标、调查的内容等因素来选择最适合的调查方法。

五 汽车配件市场需求预测

市场需求预测的方法分为两大类：一类是定性预测法，即质的预测方法；另一类是定量预测法，即量的预测方法。前者容易把握事物的发展方向，对数字要求不高，能节省时间，费用小，便于推广，但往往带有主观片面性，数量不明确；后者则相反。人们在实际预测中，往往综合运用两种方法，即定量预测结论必须接受定性预测的指导，唯有如此，才能更好地把握汽车配件市场的变化趋势。

（一）定性预测法

1. 定性预测法简介

定性预测法又称为判断分析预测法，它是由预测者根据拥有的历史资料和现实资料，依据个人经验、知识和综合分析能力，对未来的市场发展趋势作出估计和测算。从本质上来讲，它属于质的分析的预测方法。定性预测方法比较适合用来对预测对象未来的性质、发展趋势和发展转折点进行预测，适合于数据缺乏的预测场合，如技术发展预测、处于萌芽阶段的产业预测、长期预测等。定性预测的方法易学易用，便于普及推广，但它有赖于预测人员本身的经验、知识和技能素质。不同的预测人员对同一问题的预测结论往往会有较大差别。

2. 常见的定性预测方法

1）德尔菲法

德尔菲法就是采用背对背的通信方式征询专家小组成员的预测意见，经过几轮征询，使专家小组的预测意见趋于集中，最后得出符合市场未来趋势的预测结论。德尔菲法又称专家意见法，是依据系统的程序，采用匿名发表意见的方式，即团队成员之间不得互相讨论，不发生横向联系，只能与调查人员发生联系，以反复地填写问卷，以集结问卷填写人的共识及搜集各方意见，可用来构造团队沟通流程，应对复杂任务难题的管理技术。

该种方法是在20世纪40年代末期由美国兰德公司（LAND）首创并使用的，在西方发达国家广泛流行的一种预测方法。如今，这种方法已经成为国内外广为应用的预测方法，它可以用于技术预测、经济预测、短期预测和长期预测等。尤其是对于缺乏统计数据而又需要对很多相关因素的影响作出判断的领域，以及事物的发展在很大程度上受政策影响的领域，更适合应用德尔菲法进行预测。

这种方法是按规定的程式,采用背对背的反复函询方式,其预测过程与营销调查的过程基本一致。首先,由预测主持人将需要预测的问题逐一拟出;然后,分寄给各个专家,请他们对预测问题逐一填写自己的预测看法;最后,将答案寄回主持人。主持人进行分类汇总后,将一些专家意见相差较大的问题抽出来,并附上几种典型的专家意见请专家进行第二轮预测。如此循环往复,经过几轮预测后,专家的意见便趋向一致,或者更为集中,主持人便以此作为预测结果。

由于这种方法使参与预测的专家能够背靠背地充分发表自己的看法,不受权威人士态度的影响,因而保证了预测活动的民主性和科学性。在采用德尔菲法进行预测的过程中,选择专家与设计意见征询表是两个最重要环节,是德尔菲法成败的关键。德尔菲法的一般预测程序如图 2-1 所示。

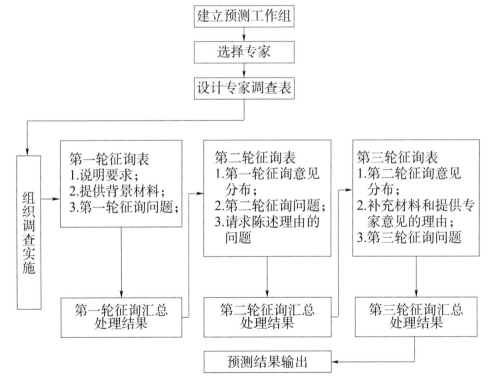

图 2-1 德尔菲法的一般预测程序

2)集合意见法

集合意见法是指企业内部经营管理人员、业务人员凭自己的经验判断,对市场未来需求趋势提出个人的预测意见,再集合大家的意见作出市场预测的方法。集合意见法是短期或近期的市场预测中常用的方法。由于经营管理人员、业务人员等对市场的需求和变化较为熟悉,因而他们的判断往往能反映市场的真实趋势。

集合意见法首先由预测者根据企业经营管理的要求,向研究问题的有关人员提出预测项目和预测期限的要求,并尽可能提供有关资料。然后,有关人员就根据预测的要求及所掌握的资料,凭个人经验和分析判断能力,提出各自的预测方案。接下来,预测的组织者计算有关人员预测方案的方案预测值,并将参与预测的有关人员进行分类,计算各类综合期望值,最后确定最终的预测值。

此外,定性预测方法还包括社会(用户)调查法(即面向社会公众或用户展开调查)、小组讨论法(会议座谈形式)、单独预测集中法(由预测专家独立提出预测看法,再由预测人员予以综合)、领先指标法(利用与预测对象关系甚密的某个指标变化对预测对象进行预测,例如通过对投资规模的监控来预测汽车需求量及需求结构)、主观概率法(预测人员对预测对象未来变化的各种情况作出主观概率估计)等。

(二)定量预测法

定量预测法也称统计预测法,它是根据已掌握的比较完备的历史统计数据,运用一定的数学方法进行科学的加工整理,以揭示有关变量之间的规律性联系,用于预测和推测未来发展变化情况的一类预测方法。

定量预测法可分为两类,一类是时序预测法。它是以一个指标本身的历史数据的变化趋势,去寻找市场的演变规律,作为预测的依据,即把未来作为过去历史的延伸。时序预测法包括平均平滑法、趋势外推法、季节变动预测法和马尔可夫时序预测法。另一类是因果分析法,包括一元回归法、多元回归法和投入产出法。回归预测法是因果分析法中很重要的一种方法,它从一个指标与其他指标的历史和现实变化的相互关系中探索它们之间的规律性联系,以此作为预测未来的依据。

定量预测法的优点是:偏重数量方面的分析,重视预测对象的变化程度,能作出变化程度在数量上的准确描述;主要把历史统计数据和客观实际资料作为预测的依据,运用数学方法进行处理分析,受主观因素的影响较小;可以利用现代化的计算方法来进行大量的计算工作和数据处理,求出适应工程进展的最佳数据曲线。定量预测法的缺点是比较机械,不易灵活掌握,对信息资料质量要求较高。

进行定量预测,通常需要积累和掌握历史统计数据。如果把某种统计指标的数值,按时间先后顺序排列起来,便易于研究其发展变化的水平和速度。这种预测法是对时间序列进行加工整理和分析,利用数列反映出来的客观变动过程、发展趋势和发展速度,进行外推和延伸,以预测未来可能达到的水平。

下面介绍几种常用的定量预测方法。

1. 算术平均法

算术平均法是将过去几个月的实际观察数据相加求其平均值来进行预测的方法。

例如:某汽车配件经营店2020年7—11月的实际销售额如图2-2所示,则2020年12月的预测销售额 = (11 + 14 + 9 + 7 + 9) ÷ 5 = 10(万元)。

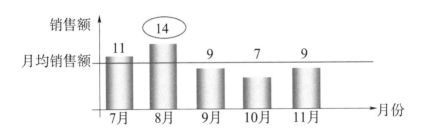

图2-2 某汽车配件经营店2020年7—11月的实际销售额

2. 加权平均法

算术平均法无法反映经济形势对预测值的影响,从上例可知,由于受市场实际需求的影响,某汽车配件经营店2020年7—11月的汽车配件销售额波动较大,为了使预测值更加接近于实际,必须考虑每个时期观察值的重要程度对预测值的影响。

加权平均法就是根据每个时期观察值的重要程度,分别给予不同的权数,求出加权平均值作为预测值。其计算公式如下:

$$Y_t = \frac{W_1 X_2 + W_2 X_2 + \cdots + W_n X_n}{W_1 + W_2 + \cdots + W_n} = \frac{\sum_{i=1}^{n} W_i X_i}{\sum_{i=1}^{n} W_i} \tag{2-1}$$

式中:Y_t——第t期的预测值;

　　　X_i——第i期实际值;

　　　W_i——第i期的权数;

　　　n——期数。

现仍以上例为例,设2020年7月的销售额权数为1,以后各期的权数分别为2、3、4、5,则按加权平均法求得12月份的销售额预测值为:

$$Y_{12} = (11 \times 1 + 14 \times 2 + 9 \times 3 + 7 \times 4 + 9 \times 5) \div (1 + 2 + 3 + 4 + 5) = 9.27(万元)$$

3. 移动平均法

移动平均法是根据已有的时间序列统计数据加以平均化,以此预测未来发展变化趋势的方法。移动平均法可分为一次移动平均法、二次移动平均法和加权移动平均法3种。这里主要介绍前两种,由于前文已介绍加权平均法,加权移动平均法与之有共通之处,故不再赘述。

1) 一次移动平均法

一次移动平均法是通过一次移动平均进行预测,它按选定段的大小,对已有的时间序列数据逐段平均,每次移动一个时段。其具体做法就是把最后一期的移动平均值作为下一期的预测值,计算公式如下:

$$Y'_{n+1} = \frac{1}{k} \sum_{i=n-k+1}^{n} Y_i \qquad (2-2)$$

式中:Y'_{n+1}——$n+1$ 期的一次移动平均值;

Y_i——第 i 期的实际值;

k——移动跨期。

例如:某汽车配件商店 2020 年前 11 个月的销售额见表 2-1。

某汽车配件商店 2020 年前 11 个月的销售额与预测值　　表 2-1

期数	实际销售额(万元)	五期移动平均值(万元)($k=5$)	七期移动平均值(万元)($k=7$)	期数	实际销售额(万元)	五期移动平均值(万元)($k=5$)	七期移动平均值(万元)($k=7$)
1	46			7	46	50.8	
2	52			8	51	50	49.71
3	50			9	57	50.2	50.14
4	47			10	55	52.2	50.85
5	53			11	58	52.6	51.57
6	52	49.6		12		53.8	53.14

现分别以 5 个月和 7 个月作为移动跨期,预测第 12 个月的销售额,并将计算结果列入表 2-1 中。

当 $k=5$ 时,第 12 个月的预测值为 53.8 万元;当 $k=7$ 时,第 12 个月的预测值为 53.14 万元。比较两个移动跨期所得曲线可知,当 k 取值大时,预测值的趋势性较为平稳;而 k 取值小时,预测值反映的实际趋势较敏感且预测值起伏比较大。因此,k 值应视经营实际确定。

2）二次移动平均法

二次移动平均法是在一次移动平均法的基础上，采用相同的 k 值，对一次移动平均值再作一次平均移动，从而获得时间序列数据的明显线性趋势。

二次平均移动法的计算公式如下：

$$Y''_{n+1} = \frac{1}{k} \sum_{i=n-k+2}^{n+1} Y'_i \tag{2-3}$$

式中：Y''_{n+1}——$n+1$ 期的二次移动平均值；

Y'_i——i 期的一次移动平均值；

k——移动跨期。

仍以上例列表的数据为例，设 $k=3$，用二次移动平均法进行预测，结果见表 2-2。

二次移动平均法预测结果 表 2-2

期数	实际销售额（万元）	一次移动平均值（万元）($k=3$)	二次移动平均值（万元）($k=3$)	期数	实际销售额（万元）	一次移动平均值（万元）($k=3$)	二次移动平均值（万元）($k=3$)
1	46			7	46	50.6	49.6
2	52			8	51	51	50.07
3	50			9	57	50.3	50.53
4	47	49.3		10	55	51.3	50.70
5	53	49.6		11	58	54.3	50.87
6	52	50		12		56.7	50.97

由表 2-2 中数据可知，用一次移动平均法预测的数值有较大的起伏，而用二次移动平均法预测的数值起伏较小，呈现出明显的线性趋势。

上述方法为预测汽车配件市场需求提供了基本的方法。但是从几种方法的运用情况看，其与实际发生的销售额仍有一定的偏差，因此，使用时应根据影响市场的多种因素对预测值进行必要的调整。

第二节 汽车配件订货

一、汽车配件订货员岗位职责

汽车配件订货是一项专业性很强的工作，汽车配件订货好坏直接影响汽车配件经营与管理整体流程能否顺利进行。汽车配件的订货工作主要由配件计划员即配件订货员完成,配件订货员应具有高度的责任感及敬业精神,熟悉配件订货流程,努力钻研订货业务知识,不断积累配件订货经验,千方百计保证配件供货。配件订货员的主要岗位职责主要包括如下方面。

(1) 与厂家、供货商保持良好供求关系,了解掌握市场信息,培养职业敏感性,对市场及订货进行预测,并将有关信息反馈至配件供应商或厂商配件科。

①关注并掌握企业经营影响区域内的品牌车辆的市场占有情况,主要来源为外部媒体及内部资料,包括本区域内整车保有量的变化、用户类型(出租汽车、私家车、公务车)和车辆使用情况。

②掌握企业自身销售部门的销售能力、销售特点和销售趋势,主要来源为企业内部的销售数据。

③掌握企业自身售后维修客户的实际保有量、客户流失率、车型分布、使用年限和行驶公里数、维修技术特点以及品牌部的维修技术要求。

④熟悉具有季节性销售特质的配件,掌握该配件是否新零件、停产件;关注配件的质量信息反馈等。

⑤及时汇总收集品牌公司配件编号、技术、价格、更改信息,并反馈至配件经理。

汽车配件采购员的基本要求

(2) 科学制订配件订购计划,并向厂商发出配件订单开展配件订货工作。

①掌握配件的现有库存和安全储备量,适时做出配件的采购计划和呆滞配件的处理方案,熟悉维修业务对配件的需求,确保业务的正常开展。

②按月做好配件计划和订货工作,并根据生产需要做好紧急订货工作,不得违反品牌的有关规定,无故推迟、延期配件的订货以及计划的编制,要求做到供应不脱节。

③制订采购计划时应能清楚说明采购配件数量或名称、编号,报配件经理批准后采购。

④熟练运用配件管理系统完成配件查询、订货、入库等工作。配件订货员应能根据配件安全库存缺省信息及客户订购信息,及时订货,通过汽车配件计算机管理系统生成配件订单传给配件供应商或汽车厂商配件部门。订单上传后,随时跟踪订单的处理状态,直至配件到货,确保配件的正常供应,协调解决顾客急需的配件。

(3) 及时做好配件的入库工作,以实收数量为准,打印入库单,并负责配件相关的财务核算及统计工作。

（4）根据供应和经营情况，适时做出库存调整计划，负责做好入库验收工作，对于购入配件质量、数量、价格上存在的问题，做出书面统计，并监督采购人员进行异常处理。

（5）协助部门经理贯彻执行配件仓库管理制度，完成公司领导交办的其他任务。

 配件订货计划的制订

科学制订订货计划是配件订货员很重要的一项工作。配件订货员制订一份准确的配件订货计划，下订单之前必须对各零件现有的库存情况、销售情况有足够的了解。订货信息首先来自销售报表，分析零件的销售历史、销售趋势，并结合仓库的库存状态制订订货计划。订货计划在经过审批后按订货日历发出。制订配件订货计划中选择品种时应该关注以下主要信息。

（1）本企业经营影响区域内的品牌车辆的市场占有情况，主要来源包括外部媒体与内部资料。

（2）本企业销售部门的销售能力、销售特点和销售趋势。

（3）本企业售后维修客户的实际保有量、客户流失率、车型分布、使用年限和行驶公里数、维修技术特点。

（4）了解最新的维修技术要求。

（5）掌握本企业的配件库存结构、配件销售历史、销售趋势。

（6）是否是新零件、停产件。

（7）是否常用件、易损件；是否具有季节性特点；当月是否有促销活动。

（8）配件的质量信息。

（9）配件是否有替换件。

（10）是否有缺件；注意在配件管理系统上查询缺件配件，正常订单的缺件是潜在库存，订货时要加以考虑，避免重复订货。

（11）配件的供货周期及交货时间、交货品种、交货数量误差。

（12）节、假日的供货影响等。

 汽车配件订货追求的目标

配件订货追求的目标是"良性库存"，即以最合理的库存最大限度地满足用户的需求。具体来说，良性库存就是在一定时间段内以最经济合理的成本，取得合理的配件库存结构，保证向用户提供最高的配件满足率。配件订货员应该不断完善、优化库存结构，保持经济合理的配件库存，向用户提供满意的服务，才能赢得用户信赖，争取最大的市场份额，获得最大的利润，保证企业的长久发展。

如何做到"良性库存"？汽车配件销售的随机性很大，客户何时需要什么配件很难预测，而一辆汽车的零件总数超过几十万个，不可能所有的零件都有库存。降低库存量和资金占有量与提高配件供货率之间是一对矛盾，作为汽车配件经销商，关键在于如何处理好"用最经济合理的成本，取得最大的经济效益"与"提供最高的配件供货率，不丧失每一个销售机会"。配件供应率和存储成本是衡量存货管理水平的标志，库存成本包括订购成本（采购费、验收入库费）和储存成本（占用资金利息、仓库管理费、罚金）。

订货时间过早，存货必然增加，使存储成本上升；订货时间过晚，存量可能枯竭，缺货成本上升。订货数量过多，资金必然被挤占，并将增加存储耗费；订货数量过少，配件将会短缺，并要增加订购耗费。由上分析可知，库存的存在是对资源和资金的占用，然而为了有效防止或缓解供需矛盾，库存又必须存在，提高库存管理水平，制订正确的存货决策，其关键是寻找能保证企业发展需要的物资供应最合理的（而不是最低的）库存成本。库存与费用的关系曲线如图2-3所示。一般地，要提高配件供货率，必须增加库存量，通常根据以往的销售记录和近期市场反馈信息来确定库存配件品种的变化、库存量的大小；订购要适时、适量，从而保证企业的生产、维修和销售顺利进行。

（四）订货品种和订货数量的确定

良性库存的实现，一是提高零件供应率，二是减少库存、提高收益。具体做法总结起来说就是"精简库存"。实现良性库存的关键在于依据零件的特性和流通等级确定好库存哪些配件和每种配件库存多少，从而确定订货的品种和数量。

1. 汽车配件流通等级的确定

1) 汽车配件流通等级的确定方法

汽车配件的流通等级是指汽车配件在流通过程中的周转速度，它反映了汽车配件在流通过程中周转速度的快慢程度，一般分为快流件、中流件和慢流件3

级,不同公司对这 3 个级别的等级确定可能有不同分法。如丰田汽车的零件编号约有 30 万种,接到零件订货项目的 90% 集中在 3 万种零件号中,这 3 万种零件通常被称为快流件;接到零件订货项目的 7% 集中在 7 万种零件号里,这些零件被称为中流件;剩下的 3% 订货项目是 20 万种无库存零件号中发出的(慢流件),如图 2-4 所示。

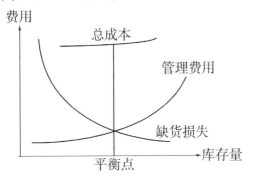

图 2-3　库存与费用的关系曲线

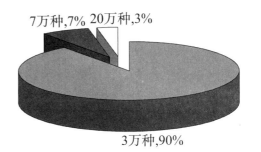

图 2-4　丰田公司汽车配件库存件及其销量分布

如雪铁龙公司把连续 3 个月经常使用的消耗性零件及周转性较高的产品称为快流件(也称 A 类件);把连续 6 个月内发生,但又属于周转性高的产品称为中流件(B 类件);把一年内属于偶发性的产品或由于各种原因不利于周转的产品称慢流件(C 类件)。有些企业把易磨损和易失效的零件或材料作为快流件,如离合器片、制动摩擦片、制动主缸/轮缸、橡胶密封件、空气滤清器、汽油滤清器、机油滤清器、机油、轴承、油封、大小轴瓦、大修包、消声器、排气管、高压泵、柱塞、出油阀、前风窗玻璃、密封条、前后灯具、散热器、冷却散热网、万向节十字轴、刮水器片、火花塞、断电触点等;有些零件经销商则是根据本公司配件销售量来区分快流件、中流件和慢流件,如把年销售量为 25～50 件的零件作为快流件,把年销售量为 6～24 件的零件作为中流件,而把年销售量为 1～5 件的零件作为慢流件。根据相关统计结果表明,占零件总数仅 10% 的快流件的销售收入占销售总额的 70%,占零件总数 20% 的中流件的销售收入占销售总额的 20%,而占零件总数 70% 的慢流件的销售收入仅占总销售额的 10%,可见,企业库存配件的 30%,就可以保证获得 90% 的销售收入。所以,应该库存快流件和中流件,其中快流件不能缺货,需要有安全库存。实际工作中可运用 ABC 管理法对配件进行分级管理。ABC 管理法又称重点管理法或分类管理法,它是一种从错综复杂、名目繁多的事物中找出主要矛盾,抓住重点,兼顾一般的管理方法。汽车配件管理采用 ABC 管理法,也就是要对销量大但品种较少的快流件(A类件)进行重点管理,对销量一般但品种相对较多的中流件(B类件)采取次要的管理,对销量很小但品种很多的慢流件(C类件)可不重点管理,但并不是说对此类完全不进行管理,而是要采取行之有效的管理办法,如建立可靠快捷的供货渠道、科学合理的订货原则、高效数据统计分析等。

2)影响配件流通级别的因素

零件的流通级别不是一成不变的,快流件可能会变成中流件,甚至变成慢流件;而中流件和慢流件在一定时期内可能变成快流件。影响和决定零件流通级别的因素是多方面的,主要包括如下方面。

(1)车辆投放市场的使用周期。一般车辆使用寿命为10年,前2~3年配件更换少,中间4~5年是更换高峰期,最后1~2年配件更换又逐渐减少。

(2)制造、设计上的问题。材料选择不当、设计不合理,如日本三菱汽车公司生产的帕杰罗V31、V33型越野汽车就曾因制动器输油管的设计问题,导致发生不少人身伤害交通事故,从而使该车型的制动器输油管需重新更换。

(3)使用不合理。如某种汽车设计是用于寒冷地区,如果把它用于热带地区就容易出现故障,造成相关零件损坏。

(4)燃油、机油选择不当或油质有问题,也会影响零件寿命。如使用不洁燃油易使三元催化转换器损坏失效。

(5)道路状况。如地处山区、丘陵,则制动系统配件的库存量应在正常基础上有所提高;如位于矿区,则空气滤清器、活塞、活塞环等发动机配件库存量应适当提高;如本地区路况较差,则轮胎、减振器、悬架等配件应准备充分。

(6)季节性。夏季来临时,冷却和空调制冷系统配件应多储备;冬季来临前,点火、起动系统配件要准备充足。

因此,在制订汽车配件订货计划时,要充分考虑配件流通等级的影响,科学制订订货计划。

2. 订货品种的确定

订货品种的确定取决于库存的项目数,也就是库存宽度,即确定库存的最大项目数,这可通过考察配件需求的历史记录,发现配件需求的某些规律,确定需要库存的配件范围。要确定库存的配件范围,首先得了解配件各生命周期的特点。

任何配件都会有增长、平稳、衰退的生命周期,如图2-5所示。

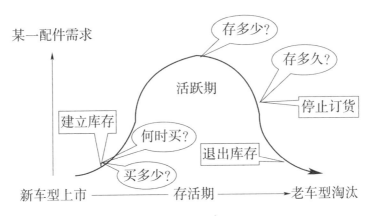

图 2-5　配件生命周期图

针对配件生命周期不同阶段的特点,有的放矢地进行库存管理,是控制好库存宽度的关键所在。不同状态的配件项目应采取不同的配件管理原则:配件在增长期的项目属非库存管理项目,应采取需一买一的原则;配件在平稳期的项目属库存管理项目,应采取卖一买一的原则;配件在衰退期的项目属非库存管理项目,应采取只卖不买的原则,如图 2-6 所示,这样才能在保证最大配件供应率的同时,降低库存金额。

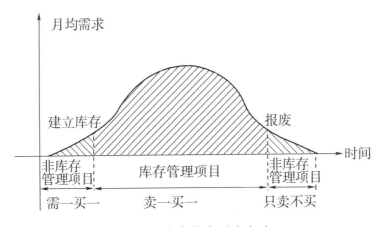

图 2-6　库存状态对应方法

其中,管理库存品种的核心工作就是要确定"建立库存"和"报废"的时点。建立库存指伴随新车型的上市,原非库存配件开始进行库存管理的时点;报废指伴随老车型逐渐从市场中淘汰掉,原库存配件不再进行库存管理的时点,即这两点内的配件项目就是需要进行库存管理的项目,这两点以外的项目就是不需要库存管理的项目。为此要制订相应的 Phase-in(建库配件)和 Phase-out(呆滞配件)管理,各经销店可以通过从配件需求的历史记录中统计出来的月均需求(MAD)和需求频度,发现配件需求的规律,从而确定需要库存宽度,见表 2-3。

库存宽度的确定 表2-3

项目	时期					
	增长期		平稳期		衰退期	
月均需求	少	较多	较多	多	少(短期)	少(长期)
需求频度	低	低	较高	高	低(短期)	低(长期)
库存状态	不建立库存	不一定	建立库存	库存管理	"停止库存试验"	

3. 订货量的确定

订货量的确定取决于库存深度。库存深度是针对每个配件件号,在考虑订货周期、在途零件和安全库存的前提下,保证及时供应配件的最大库存数量MIP,也称配件的标准库存量SSQ,因此,库存深度的确定是决定库存多少的问题,依此确定订货量。

1) 标准库存量的确定

推荐标准库存量计算公式如下:

$$SSQ = MAD \times (O/C + L/T + S/S) \qquad (2-4)$$

式中:SSQ——标准库存量;

MAD——某配件月均需求量;

O/C——订货周期;

L/T——到货周期;

S/S——安全库存周期,根据到货周期和市场波动设定。

采购量计算

(1) 月均需求量 MAD 的确定。通常建议采用前 6 个月的每月需求量来计算月均需求,含常规的 B/O(客户预定)和 L/S(流失的业务)需求。

(2) 订货周期 O/C 的确定。订货周期指相邻的两次订货所间隔的时间,单位为月,如订货周期为 2 天,则 O/C = 2/30 = 1/15(月)。

(3) 到货期 L/T 的确定。到货周期指从配件订货到搬入仓库为止的月数,单位为月,如到货周期为 6 天,则 L/T = 6/30 = 1/5(月)。

(4) 安全库存周期 S/S 的确定。有时由于一些突发的特殊原因(如运输车辆途中出现了故障)导致推迟到货期,或因市场的需求经常是起伏不定的,如图 2-7 所示,第五个月的需求是 18 个,超出月均需求 7 个。安全库存周期是考虑受到货期延迟和特殊需求两个因素影响,必须在仓库中保有一定量的安全库存而定的,如图 2-8 所示。

一般安全库存周期建议 S/S = (L/T + O/C) × 0.7,则安全库存 = 月均需求 ×

安全库存周期。

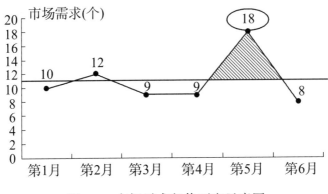

图 2-7　市场需求起伏不定示意图

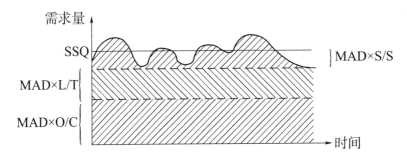

图 2-8　安全库存图解

一个配件的最佳库存量是多少？库存量小了，不能保证及时供货，影响顾客的使用和企业的信誉；库存量大了，资金占有量增加，资金周转慢，影响企业的经济效益。因此，制订最低安全库存量很重要，而影响最低安全库存量的因素非常多。

(1)订货周期。国外订货周期一般为2～3个月(船运期货3个月，空运订货15天左右，但空运件的价格是船运件价格的2倍)；国内订货周期则因地而异。

(2)月平均销量。必须掌握某种配件近6个月的销量情况。

(3)配件流通级别。如丰田公司建议快流件的最低安全库存量为前6个月销量，中流件和慢流件的最低安全库存量为前3个月销量。

2)订货量(SOQ)的确定

(1)订货原则。建议采取"大—大"订货原则，这是在丰田供应体制下推行的一种订货方式，它实行频繁的、周期性的、小批量订货和发货，即采取每天订货的方式，使用"大—大"原则进行零件库存补充管理，需要在每次订货时点发出订货单，这就可以减少配件库存深度，通过按时订货，不断补充库存到最大库存量(图2-9)。此种订货方式的好处是管理精度高，可减少安全库存天数，且较小的每单订货数量便于操作。

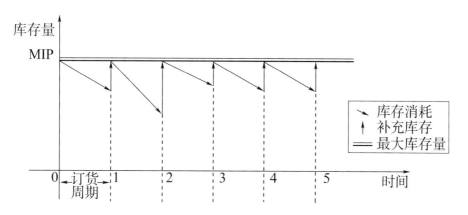

图 2-9 "大—大"订货原则示意图

（2）订货量计算。推荐订货计算公式如下：

$$SOQ = MAD \times (O/C + L/T + S/S) - (O/H + O/O) + B/O \quad (2-5)$$
$$= SSQ - (O/H + O/O) + B/O$$

式中：O/H——在库数，指订货时的现有库存数量；

O/O——在途数，指已订货尚未到货的配件数；

B/O——客户预订数，指无库存、客户预订的配件数。

例：某配件的月均需求如图 2-17 所示，每月订货两次，订货日为每月 15 日、30 日，到货期 1 个月，在途数 10 个，在库数 12 个，客户预订数 5 个。试计算该配件订货数为多少？

解：由图 2-17 可知，该配件的月均需求 MAD = (10 + 12 + 9 + 9 + 18 + 8)/6 = 11（个）；由题面可知每月订货两次，故订货周期 O/C 为 0.5，则：

订货量 $SOQ = MAD \times (L/T + O/C + S/S) - (O/H + O/O) + B/O$
$= 11 \times (1 + 0.5 + 1.5 \times 0.7) - (12 + 10) + 5 = 11（个）$

通过计算建议订货量，就能准确把握每项零件的订货数量，控制好库存深度。实际订货每个月根据配件实际库存量、半年内销售量及安全库存量等信息，由计算机根据上述公式计算出一份配件订货数量，配件订货员再根据实际情况进行适当调整。

五 汽车配件的订货程序

图 2-10 所示为某丰田品牌汽车公司配件订货流程，其根据库存情况把配件订货分为有库存情况、库存补充件 S/O 订货及客户预订 B/O 件的订购。

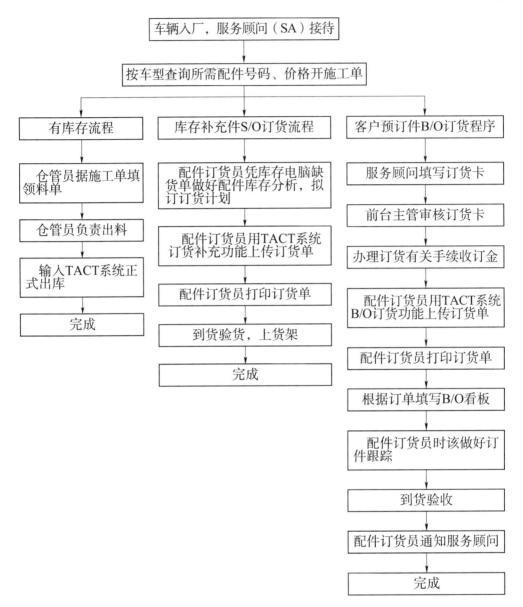

图 2-10　某丰田品牌汽车公司配件订货流程

六　配件订货的相关规定

为更好地做好配件订货工作,各品牌经销店都对配件订货环节制订了相关规定,以下是丰田汽车公司对配件订货的相关管理规定。

1. 关于客户预订件(B/O)订单的管理规定

(1)配件仓库每天查看配件订单,对应到货情况,对未到货的配件应立即通知配件订货员,由配件订货员与发货商联系,落实配件的发货时间情况。

(2)订单生成后设专人管理,如有配件不能及时供应,产生 B/O 订单时专管员应按预计到货的时间进行管理。

(3)B/O 的订单与特别订货的订单应分开管理。

(4)B/O 的配件到货后应及时把标签贴到配件上,标签必须注明配件名称、车牌号、订货金额、到货时间、服务顾问、联系电话等。

(5)B/O 的配件到货后应及时与前台服务顾问联系,要有书面到货通知单,并要求服务顾问把与客户联系结果记录到通知单上。

(6)每周查看 B/O 的配件,对未取货的客户由配件部进行第二次通知,并确认大概取货时间,做好记录,每 10 天做一次 B/O 在库配件整理,报给服务经理。

(7)B/O 配件必须单独存放,以免把 B/O 配件作为正常库存销售。

(8)B/O 的订单应及时整理,对已提 B/O 订单应按日期排好单独存放,存放时间为 6 个月。

(9)订单如发生到货时间变更的情况,应由配件订货员及时通知服务顾问或客户,说明可能到货时间,并用所制书面到货变更单及时下发给服务顾问。

(10)B/O 的订单在 3 个月以内未取,会作为正常库存进行销售,订金不能返还。

(11)客户订金收取标准:在国内发货交取配件全额的 30%;在国外发货交取配件全额的 50%。若未交付订金的配件并未取用,由签字订货的服务顾问承担全责。

2. 关于特别订货配件(F/O)的管理规定

(1)诸如服务周、服务月等零件,视为特别订货配件,此配件在进行销售分析时不予以考虑。

(2)对于新车型无配件销售记录的,部分外观配件厂家建议作为初期库存视为特别订货。

(3)对服务周、服务月作为节前补充库存配件,应在服务月或服务周即将开始前,由配件订货员与服务经理协商,参照以往服务月或服务周情况确定配件数量。

(4)对于新车型特别补充订货时,由配件订货员根据销售数据资料,针对本地区的保有量,制订出初期库存补充的最初订货单,由配件主管审核后方可订货。

(5)特别订货的订货单一式三联(服务部、配件前台、配件仓库),由客户确认金额,数量准确无误后,签字确认,配件部根据返回一联进行再次确认,交由配件订货员订货。

(6)特别订货的配件如车未在厂,通过到货通知单及时通知服务顾问,并记录好客户大约来厂更换时间,做好预约工作。

(7)特别订货配件出库时应仔细核对,该配件所贴标签资料是否与领料车牌相符,避免出错。

(8)对于特别订货配件到期未取的配件,应再次通知服务顾问与客户取得联系,约定下次维修时间,及时出库,避免造成死库存。

(9)对于特别订货配件,如客户在2个月内未取,应进行再次通知客户,并提醒客户如若3个月内不取就有权处理所订配件。

(10)特别订货配件3个月未取,应对此配件的车型、部位进行分析,如市场上有此车型,而且很有可能销售出去,将作为正常库存管理。

(11)对于3个月未取的特别订货配件,如进行分析后,市场上此种车型已不多见,此件又不可能在6个月内销售出去,应督促客户尽快更换。

(12)对于3个月未取的特别订货配件,如此车型在市场上有,但订购的配件基本没可能销售,应及时与各大保险公司联系,可以低价出售。

(13)对于3个月未取的特别订货配件,如此车型在市场上已没有或老款车型,应及时把传真发给外地配件商或修理厂进行降价处理;如若还是无法销售,将在年底作为死库存处理。

第三节 汽车配件采购

一 汽车配件进货质量的把关

1. 汽车配件进货的原则

汽车配件进货应遵循的原则主要包括如下方面。

(1)坚持数量、质量、规格、型号、价格综合考虑的购进原则,合理组织货源,保证配件适合用户的需要。

(2)坚持依质论价,优质优价,不抬价,不压价,合理确定配件采购价格的原则;坚持按需进货,以销定购的原则;坚持"钱出去,货进来,钱货两清"的原则。

(3)购进的配件必须加强质量的监督和检查,防止假冒伪劣配件进入企业,流入市场。在配件采购中,不能只重数量而忽视质量,只强调工厂"三包"而忽视产品质量的检查,对不符合质量标准的配件坚决不进,不进人情货。

(4)购进的配件必须有产品合格证及商标。实行生产认证制的产品,购进时必须附有生产许可证、产品技术标准和使用说明。

(5)购进的配件必须有完整的内、外包装,外包装必须有厂名、厂址、产品名称、规格型号、数量、出厂日期等标志。

(6)要求供货单位按合同规定按时发货,以防所订配件应期不到或过期到货,造成配件积压或缺货。

(7)对价值高的配件必须落实好客户方可进货,如发动机、车架等。

(8)坚决反对吃回扣等不正之风。

2. 对所购配件产品进行分类检验

为了提高工作效率和达到择优进货的目的,可以把产品分成以下几种检验类型。

(1)名牌和质量信得过产品基本免检,但名牌也不是终身制,而且有时还会遇到仿冒产品,所以应对这些厂家的产品十分了解,并定期进行抽检。

(2)对多年多批进货后经使用发现存在某些质量问题的产品,可采用抽检几项关键项目的方法,以检查其质量稳定性。

(3)对以前未经营过的配件,采用按标准规定的抽检数,在技术项目上尽可能做到全检,以求对其质量得出一个全面的结论,作为今后进货的参考。

(4)以前用户批量退货或少量、个别换货的产品,应尽可能采取全检,并对不合格部位重点检验的办法。若再次发现问题,不但拒付货款,而且注销合同,不再进货。

(5)一些小厂的产品,往往合格率低,而且一旦兑付货款后,很难索赔。因此,尽量不进这类产品,如确需进货,检验时一定要严格把关。

3. 汽车配件货源质量的鉴别

汽车配件质量的鉴别很重要,它直接影响服务质量和客户的满意度及维修水平,配件管理人员在入库、出库及每次买卖配件都要留意检查。

1)货源鉴别的常用工具

汽车配件质量的优劣,关系到消费者的利益和销售企业的商业信誉以及维修企业维修水平、维修质量的发挥,但配件产品涉及范围广,要对全部配件做出正确和科学的质量结论,所需的全部测试手段是中、小型汽配企业难以做到的。因此,应根据企业的实际情况,添置必备

汽车配件
真假鉴别

的技术资料,如所经营主要车型的图纸、汽车配件目录、汽车电子配件目录和质保书、使用维护说明书及各类汽车技术标准等,这些资料都是检验工作的依据。购置一些通用检测仪表和通用量具,如游标卡尺、千分尺、百分表、千分表、量块、平板、粗糙度比较样块、硬度计以及汽车万用表等,以具备一定的检测能力。

2)汽车配件质量的鉴别方法

购买汽车配件要注意多"看",看文件资料,看配件表面(或材料)的加工精度、热处理颜色等。首先要查看汽车配件的产品说明书及零件目录,产品说明书是生产厂进一步向用户宣传产品,为用户做某些提示,帮助用户正确使用产品的资料。通过产品说明,可增强用户对产品的信任感。一般来说,每个配件都应配一份产品说明书(有的厂家配用户须知)。电子配件目录是帮助专业人员用计算机管理系统正确查询或检索配部件的图号、名称、数量及装配位置、立体形状、价格等的技术资料。纸质配件目录是人工检索汽车配件的工具。表2-4以火花塞为例介绍了其鉴别方法。

火花塞的鉴别与危害　　　　　表2-4

配件名称	纯正件特征	假冒件特征	使用假冒件危害
火花塞	优质金属材料,电极是一体加工完成的,并非焊接上去,间隙均匀,导热性能出色,即使车速为200km/h时电极的温度也只有800℃。内部设计有专门的电阻,以减少外界电波的干扰	绝缘材质差,甚至有气孔,防导电的性能也相对较弱,并且内部一般不会安装电阻,所以容易受到外界电波干扰。电极间隙一般不够均匀,绝缘体使用的材料也不够好,导热性能差。车速超过130km/h后电极温度已到达1100℃,临近电极熔断点	由于火花塞的工作环境是高温高压,所以伪劣产品的电极非常容易烧蚀,造成电极间隙过大,火花塞放电能量不足,结果就是冷起动困难,发动机内部积炭增多,起步、加速性能下降,油耗增加
	真假对比图		

汽车配件进货程序

1. 进货渠道的选择

汽车配件经营企业大都从汽车配件生产厂家进货,应选择以优质名牌配件为主的进货渠道。但为适应不同层次消费者的需求,也可进一些非名牌厂家的产品。进货时可按 A 类厂、B 类厂、C 类厂顺序选择进货渠道。

A 类厂是主机配套厂。这些厂知名度高,产品质量优,大多是名牌产品。这类厂应是进货的重点渠道。合同签订形式可采取先订全年需要量的意向协议,以便于厂家安排生产,具体按每季度、每月签订供需合同,双方严格执行。B 类厂生产规模和知名度不如 A 类厂,但配件质量有保证,配件价格也比较适中。订货方法与 A 类厂不同,一般可以只签订较短期的供需合同。C 类厂是一般生产厂,配件质量尚可,价格较前两类厂家低。这类厂的配件可作为进货中的补充,订货方式也与 A、B 类厂有别,可以采取电话、电邮等方式,如需签订供需合同,以短期合同为宜。

必须注意,绝对不能向那些没有进行工商注册、生产"三无"及假冒伪劣产品的厂家订货和采购。

2. 供货方式的选择

(1) 对于需求量大、产品定型、任务稳定的主要配件,应当选择定点供应直达供货的方式。

(2) 对需求量大但任务不稳定或一次性需要的配件,应当采用与生产厂签订合同直达供货的方式,以减少中转环节,加速配件周转。

(3) 对需求量小,如一个月或一个季度需求量在订货限额或发货限额以下的配件,宜采取由配件供销企业的门市部直接供货的方式,以减少库存积压。

(4) 对需求量少但又属于附近厂家生产的配件,也可由产需双方建立供需关系,由生产厂家按协议供货。

3. 进货方式的选择

汽车配件零售企业在组织进货时,要根据企业的类型、各类汽车配件的进货渠道以及汽车配件的不同特点,合理安排组织进货。汽车配件零售企业的进货方式一般有如下几种。

(1) 现货与期货。现货购买灵活性大,能适应需要的变化情况,有利于加速资金周转。但是，对需求量较大而且消耗规律明显的配件，宜采用期货形式，签订期货合同。

（2）一家采购与多家采购。一家采购是指对某种配件的购买集中于一个供应者，它有利于采购配件质量稳定、规格对路、费用低，但无法与其他供应者比较、机动性小。多家采购是将同一订购配件分别从两个以上的供应者订购，通过比较可以有较大的选择余地。

（3）向生产厂购买与向供销企业购买。这是对同一种配件既有生产厂自产自销又有供销企业经营的情况所做的选择。一般情况下，向生产厂购买时价格较为便宜，费用较低，产需直接挂钩，可满足特殊要求。供销企业因网点分布广，有利于就近及时供应、机动性强，尤其是外地区进货和小量零星用料向配件门市部购买更为合适。

（4）成立联合采购体，降低配件采购成本。联合采购就是几个配件零售企业联合派出人员，统一向汽车配件生产单位或到外地组织进货，然后给这几个配件零售企业分销，这样能够相互协作，节省人力，凑零为整，拆零分销，有利于组织运输。其困难在于组织工作比较复杂。

如据2006年6月26日《第一财经日报》报道，为降低配件成本，2006年6月23日，由巴士集团牵头，国内4家大型客车企业以及上海车辆物资采购网在沪签署了组建联合采购体的合作备忘录，国内首个客车制造企业联合采购体由此诞生。参与联合采购体的4家客车生产企业分别是郑州宇通客车股份有限公司、厦门金龙汽车集团股份有限公司、上海申沃客车有限公司和上海万象（大宇）汽车制造有限公司。这4家企业占据国内大型客车60%的销售份额。降低配件采购成本是四大客车生产商共同的目的。

（5）电子采购。电子采购也称网上采购，它具有费用低、效率高、速度快、业务操作简单、对外联系范围宽广等特点，是当前最具发展潜力的企业管理工具之一。

（6）招标采购。招标采购是在众多的供应商中选择最佳供应商的有效办法，适合大量、大规模采购。它体现了公平、公开和公正的原则，能以更低的价格采购到所需的配件，可更充分地获取市场利益。

（7）即时制采购。即时制采购是一种先进的采购模式，是在恰当的时间、恰当的地点，以恰当的数量、恰当的质量采购恰当的配件。如按季节采购配件。

上述几种类型各有各的长处，企业应根据不同的情况适当选择，并注意在实践中扬长避短，不断完善。

4. 供货商的选择

供货商的选择主要从价格和费用、产品质量、交付情况、服务水平4个方面进行评价。

（1）价格和费用。价格和费用的高低是选择供货商的一个重要标准。固定市场中存在固定价格、浮动价格和议价，要做到货比三家，价比三家，择优选购。在选择供货商时不仅要考虑价格因素，同时还要考虑运输费用因素。价格和费用低可以降低成本，增加企业利润，但不是唯一标准。

（2）产品质量。价格和费用虽低，但如果由于供应的配件质量较差而影响维修质量，反而会给用户和企业信誉带来损失，所以选购配件时要选购名牌产品或配件质量符合规定要求的产品。

（3）交付情况。要考虑供货商能否按照合同要求的交货期限和交货条件履行合同，一般用合同兑现率来评价。交货及时、信誉好、合同兑现率高的供货商，当然是选择的重点。

（4）服务水平。要考虑供货商可能提供的服务，如服务态度、方便用户措施和服务项目等。另外，在选择供货商时，要注意就近选择。这样可以带来许多优点，如能加强同供货单位的联系和协作、能得到更好的服务、交货迅速、临时求援方便、节省运输费用和其他费用、降低库存数量等。同时，也要考虑其他供货商的特点，比较各供货商的生产技术能力、管理组织水平等，然后作出全面的评价。

为了作出恰当的评价，可以根据有日常业务往来的单位及市场各种广告资料编制各类配件供货商一览表，然后按表内所列的项目逐项登记，逐步积累，将发生的每一笔采购业务都填写补充到该表中去，在此基础上进行综合评价，选出可长久订货的供货商。

汽车配件采购合同的签订

1. 签订采购合同应遵循的原则

常见的关于汽车配件的合同有买卖合同、运输合同、保险合同等，其中最主要的是汽车配件买卖合同，即采购合同。

在与配件供货商发生交易行为前，应当与供货商签订书面采购合同，采购合同是供需双方的法律依据，应是当事人双方真实意思的体现，因此，签订合同必须贯彻"平等互利、协商一致、等价有偿、诚实信用"的原则。合同依

签订采购合同

法订立后,当事人之间法律地位是平等的,权利和义务也是对等的,任何一方不得以大压小、以强凌弱、以上压下,也不能以穷吃富。经济合同必须建立在真实、自愿、平等互利、等价有偿的基础上。国家法律不允许签订有损于对方合法权益的"不平等条约"或"霸王合同"。一切违背平等互利、协商一致、等价有偿原则的,都应确认为全部无效或部分无效的经济合同。

2. 汽车配件采购合同的关键条款

合同是约束双方的权利与义务的法律文书,合同的内容要简明,文字要清晰,字意要确切,品种、型号、规格、单价、数量、交货时间、交货地点、交货方式、质量要求、验收条件、付款方式、双方职责、权利都要明确规定。签订进口配件合同时,更要注意这方面的问题,特别是配件的型号、规格、生产年代、零件编码等不能有任何差错。近几年生产的进口车,可利用车辆识别代号(VIN码)来寻找配件号。此外,在价格上也要标明何种价,如离岸价、到岸价等,否则会导致不必要的损失。

为避免在执行合同时出现争议,在采购合同中必须写明一些关键性的条款。具体有如下几条。

(1)汽车配件的品名、品牌、规格、型号:有时也称为"标的",是合同当事人双方的权利义务共同指向的对象。

(2)汽车配件的数量和品质:在确定数量时应考虑汽车配件常见的包装规范,一般以个、件、副、千克等计算;品质是合同的主要内容,一般是型号、等级等。

(3)汽车配件的价格、合同价款:价格是指汽车配件的单件(位)价格;合同价款是指合同涉及汽车配件的总金额。

(4)履行的期限、地点和方式:履行期限是指当事人各方依照合同规定全面完成自己合同的时间;履行地点是指当事人依照合同规定完成自己的合同义务所处的场所;履行方式是指当事人完成合同义务的方法。

(5)违约责任:是指合同当事人因过错而不履行或不完全履行合同时应承受的经济制裁,如偿付违约金、赔偿金等。

此外,根据法律规定以及当事人一方要求必须规定的条款,也是买卖合同的主要条款。

3. 签订配件采购合同时应注意的问题

配件采购合同依法订立之后,即具有法律约束力。当事人必须对合同中的权利和义务负责,必须承担由此引起的一切法律后果。因此,在签订经济时一定要慎重、认真,不可马虎、草率从事。应注意以下几个方面的问题。

(1)尽可能了解对方。为了慎重签订经济合同,使合同稳妥可靠,应该尽可能了解对方,知己知彼。了解对方,虽然不是签订经济合同的法定程序,但是,根据实践经验来看是非常必要的。在签订合同以前,应该了解对方的以下问题:第一,对方是否具有签订经济合同的主体资格(社会组织必须具备法人资格;个体工商户必须经过核准登记,领有营业执照);第二,合同主体是否具有权利能力和行为能力,是否具备履行合同的条件;第三,法定代表人签订合同是否具有合法的身份证明;代理人签订合同是否具有委托证明;第四,代签合同单位是否有委托单位的委托证明等。只有了解对方,才能心中有数,合同才能稳妥可靠。

(2)遵守国家法律、法规的要求。

(3)合同的主要条款必须齐备。经济合同必须具备明确、具体、齐备的条款;文字表达必须清楚、准确,切不可用含混不清、模棱两可和一语双关的词汇;语言简练、标点使用正确;产生笔误不得擅自涂改。

(4)明确双方违约责任。合同的违约责任,是合同内容的核心,是合同法律约束力的具体表现。当事人双方必须根据法律规定或双方约定明确各自的违约责任。合同的违约责任规定得不明确或没有违约责任,合同就失去了约束力,不利于加强双方责任心,不利于严肃地、全面地履行合同;在发生合同纠纷时,缺少解决纠纷的依据。因此,当事人应该自觉地接受法律监督,明确规定各自的违约责任。

(5)合同的变更与解除。经济合同依法成立后,即具有法律约束力,任何一方不得擅自变更或解除。但是,在一定条件下,当事人在订立经济合同后,可通过协商或自然地变更或解除合同。

4.国内采购合同格式

采购合同格式如下。

购 货 合 同

于_____年_____月_____日,_____先生_____有限公司(以下简称售方),_____先生_____有限公司(以下简称购方),鉴于售方同意出售,购方同意购买_____(以下简称合同货物),其合同货物的质量、性能、数量经双方确认,并签署本合同,其条款如下:

(1)合同货物:_____

(2)数量:_____

(3)原产地:_____

(4)价格:_____

(5)装船:第一次装船应于接到信用证后____天至____天内予以办理。从第一次装船,递增至终了,应在____个月内完成。

(6)优惠期限:为了履行合同,若最后一次装船时发生延迟,售方提出凭证,购方可向售方提供____天的优惠期限。

(7)保险:由购方办理。

(8)包装:用新牛皮纸袋装,每袋为____kg;或用木箱装,每箱为____kg。予以免费包装。

(9)付款条件:签订合同后____天(公历日)内购方通过开证行开出以售方为受益人、经确认的、全金额100%的、不可撤销的、可分割的、可转让的、允许分期装船的信用证,见票即付并出示下列证件:

①全套售方商业发票;

②全套清洁、不记名、背书提单;

③质量、重量检验证明。

(10)装船通知:购方至少在装货船到达装货港的____天前,将装货船到达的时间用电传通知售方。

(11)保证金:

①通知银行收到购方开具的不可撤销信用证时,售方必须开具信用证_____%金额的保证金。

②合同货物装船和交货后,保证金将原数退回给售方。若出于任何原因(本合同规定的第12条除外),发生无法交货(全部或部分),按数量比例将保证金作为违约金,以没收支付给购方。

③若由于购方违约或购方不按照本合同第(9)条规定的时间内[第(12)条规定除外],开具以售方为受益人的信用证,必须按保证金相同的金额付给售方。

④开具的信用证必须满足合同所规定的条款内容。信用证所列条件应准确、公道,售方并能予以承兑。通知银行收到信用证后,通知银行应给开证银行提供保证金。

(12)不可抗力:售方或购方均不承担由于不可抗力的任何原因所造成的无法交货或违约,不可抗力的任何原因包括战争、封锁、冲突、叛乱、罢工、雇主停工、内乱、骚动、政府对进出口的限制、暴动、严重火灾或水灾或为人们所不能控制的自然因素。

交货或装船时间可能出现延迟,购方或售方应提出证明予以说明实情。

(13)仲裁:因执行本合同所发生的一切争执和分歧,双方应通过友好协商方式解决。若经协商不能达成协议时,则提交仲裁解决。仲裁地点在_____由仲裁委员会仲裁,按其法规裁决。仲裁委员会的裁决,对双方均有约束力。仲裁费用应由败诉方承担。除进行仲裁的那部分外,在仲裁进行的同时,双方普继续执行合同的其余部分。对仲裁结果不服者可到法院诉讼解决。

(14)货币贬值:若美元货币发生法定贬值,售方保留按贬值比率对合同价格予以调整的核定权力。

(15)有效期限:本合同签字后,在____天内购方不能开出以售方为受益人的信用证,本合同将自动失效。但购方仍然对第(11)条中第②、③项规定的内容负责,支付予以补偿。

本合同一式两份,经双方认真审阅并遵守其规定的全部条款,在见证人出席下经双方签字。

售方:_____
购方:_____
见证人:_____

第四节 汽车配件订货系统应用示例

当通过配件管理系统及配件目录系统生成订单后,就要向供应商订货,把正式的订单发给供应商,这就要用到配件订购系统。配件订购系统是与互联网技术相结合,由供应商在网上建立的一套订购系统,实行实时订货。实时配件订购系统除了可以直接向供应商订购配件外,还可以实时查询供应商的库存数量,可以准确预测配件的到货日期。此外,还可以查询配件替代状况、配件的价格以及订单的处理情况等。以下以丰田TACT系统的订货功能为例来说明汽车配件订货系统的运用。

一 相关名词释义

(1)丰田TACT系统:TACT系统是丰田认定经销店的标准业务系统,是各经销店在日常零件业务工作中,遵循丰田 JIT 理念管理库存的科学解决途径,其中的零件功能是完全基于 TSM 标准设计开发。

(2) B/O 配件:客户预定件,当没有库存或库存不足的时候所发生的替客户做的追加订货件。

(3) S/O 配件:补充库存件。

(4) F/O 配件:特别配给件,如服务推广活动而需存货的配件;配合新车销售而准备存货的配件;为特别修理情况而库存配件,如因质量问题召回车辆维修所需的配件。

(5) 纯牌配件:经丰田汽车公司严格质量检验的配件称为"丰田纯牌配件"。

二 订货系统操作说明

丰田汽车公司的管理规范性在汽车行业内鼎鼎有名,在汽车配件管理与营销方面也不例外,在配件仓库管理中,可采用丰田公司独有的操作系统。下面以该系统为例,详细介绍其订货操作过程的具体过程。

(1) 丰田订货系统主界面如图 2-11 所示。

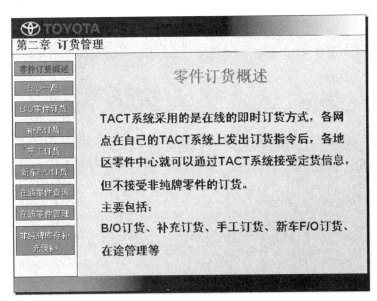

图 2-11 丰田订货系统主界面

(2) B/O 一览操作顺序:点击"B/O 一览"进入检索界面(图 2-12),输入查询条件,按"检索"按钮系统会弹出两张报表:纯牌和非纯牌的 B/O 零件一览表,如图 2-13 所示。

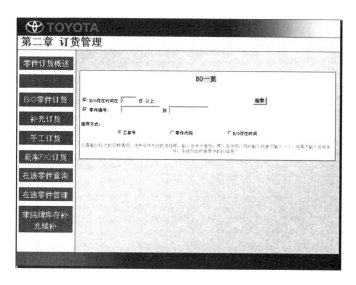

图 2-12　B/O 检索界面

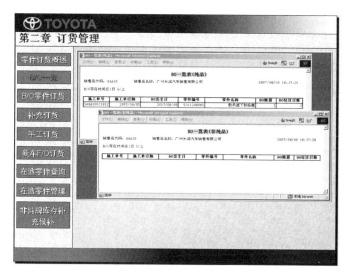

图 2-13　纯牌和非纯牌的 B/O 零件一览表

（3）B/O 零件订货操作顺序：点击"B/O 零件订货"进入订货界面（图 2-14），系统会自动算出订货数，如有必要，订货员可根据需要调整订货数。然后点击"订货确认"按钮，即可发出订单。弹出的窗口显示 B/O 零件订货一览表，包含纯牌与非纯牌，如图 2-15 所示。

（4）库存补充（S/O）订货操作顺序：由库存补充订货进入订货计算界面，点击"执行"，系统会自动计算出的需要补充的零件及数量，此时可根据实际需求进行修正（图 2-16）；点击"订货确认"，完成订货。弹出的窗口显示 S/O 零件订货一览表只包含纯牌（图 2-17）。

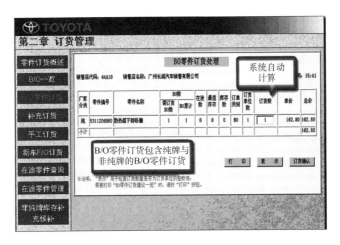

图 2-14　B/O 零件订货界面

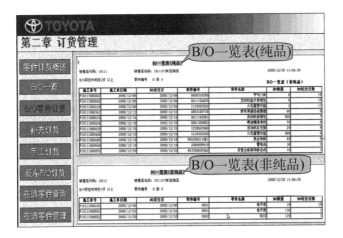

图 2-15　B/O 零件订货一览表

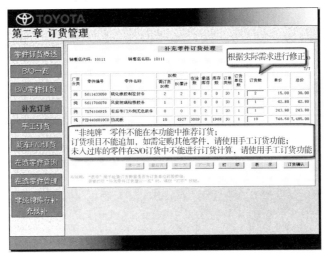

图 2-16　库存补充订货计算界面

图 2-17　库存补充零件订货结果一览表

(5)手工订货操作顺序:点击"手工订货"进入订货界面,选择订单类别,点击"追加订货",新增行数,然后输入零件编号及订货数,点击"订货确认",完成订货(图2-18)。弹出的窗口显示手工订货一览表,只包含纯牌(图2-19)。

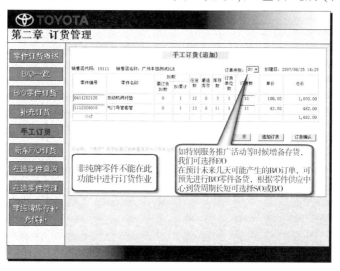

图 2-18　手工订货(追加)订货界面

(6)新车 F/O 零件订货操作顺序:点击"新车 F/O 订货"进入界面,如果厂家已经上载了零件订货信息则会出现相应链接(图2-20),点击链接后,出现订货确认界面,点击"订货确认"即完成订货(图2-21)。

(7)在途零件查询操作顺序:点击"在途零件查询"进入查询输入界面,输入查询条件,按检索(图2-22),即可查询出所有在途的零件信息(图2-23)。

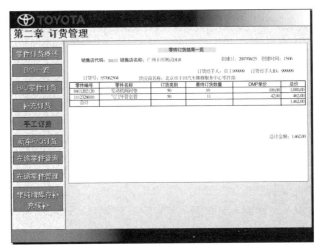

图 2-19　手工订货一览表

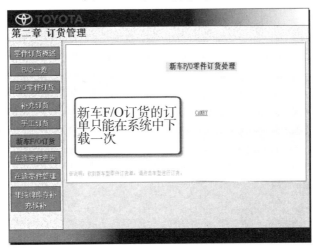

图 2-20　F/O 零件订货界面

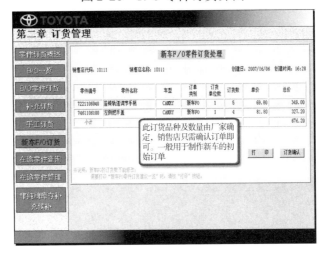

图 2-21　F/O 零件订货

图 2-22　在途零件查询检索界面

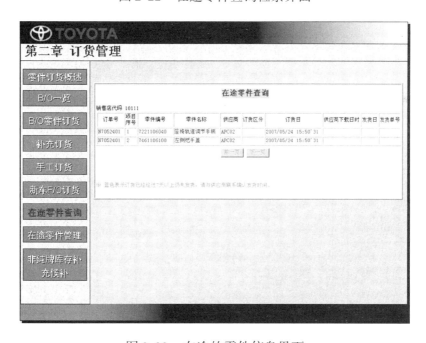

图 2-23　在途的零件信息界面

(8)在途零件删除操作顺序:点击"在途零件管理"进入操作界面,输入订单号或零件编号,按检索按钮将查询出在途零件信息(图 2-24);在查询结果画面上可以选择删除某些已经过期的订单(图 2-25)。

(9)非纯牌库存补充候补操作顺序:非纯牌库存补充候补进入查询界面,设定条件后按"表示"按钮(图2-26);弹出的窗口显示非纯牌零件的库存补充候补清单(图2-27)。

图2-24　在途零件管理删除操作界面

图2-25　在途零件删除

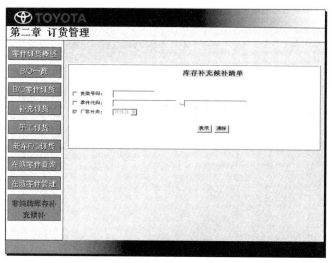

图 2-26　非纯牌库存补充候补查询界面

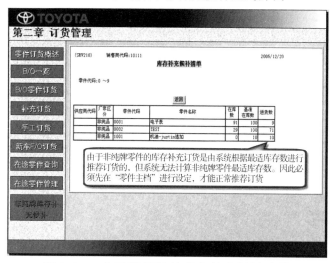

图 2-27　非纯牌零件的库存补充候补清单

拓展学习

订货流程中相关英文简称释义如下。

SA：服务顾问（Service Assistant）的英文简称。

S/O 件：补充库存件。

B/O 件：客户预定件，当没有库存或库存不足时所发生的替客户做的追加订货件。

TACT 系统：丰田业务标准系统，具备车辆信息查询功能、销售功能、订货功能和入库功能等。

VOR、F/O：超紧急订货（订货的方式不同，前者是空运，后者是海运）。

? 我思我想

素材一:没有调查就没有发言权

1929年,毛泽东、朱德率红四军从井冈山辗转到赣南、闽西开辟新的革命根据地。随着革命形势的变化,党和红军中"左"倾思想和"左"的政策开始抬头。一些党员干部迷信教条,看到一点表面、一个枝节,就指手画脚地说这也不对、那也错误,既失掉了群众,又无法解决问题。1930年5月初,毛泽东、朱德率军来到寻乌县。在当时的县委书记古柏的协助下,毛泽东在这里进行了20多天大规模的社会调查,开了10多天的调查会,并根据调研情况整理编写了《寻乌调查》,后在《寻乌调查》基础上写就了《反对本本主义》,提出"没有调查,没有发言权"的著名论断。

延伸讨论:如何科学开展汽车配件市场调研?请集体制订调研方案。

素材二:凡事预则立,不预则废

"凡事预则立,不预则废。"出自西汉·戴圣《礼记·中庸》。预,预先,是指事先做好计划或准备。

延伸讨论:如何科学做好汽车配件采购计划?

素材三:诚信

"人而无信,不知其可也。"出自《论语》,后人将其扩展为"人无信不立,业无信不兴,国无信则衰。"

延伸讨论:在汽车配件采购中如何做到依法、诚实、守信?

一、基础知识

1. 什么是汽车配件市场调查?
2. 汽车配件市场调查与预测在配件营销中起什么作用?
3. 怎样对汽车配件市场进行调查?常用哪些方法?
4. 如何对汽车配件市场进行预测?
5. 作为配件订货员,有什么职责要求?
6. 怎样才能做好汽车配件订货计划?
7. 什么是良性库存?
8. 配件订货的品种和数量如何确定?
9. 汽车配件在订货过程中的程序如何进行?

10. 如何把好进货配件的质量关？常用什么方法检验？

11. 在订立采购合同时要注意哪些事项？

二、能力考核

能力考核表见表 2-5。

能 力 考 核 表   表 2-5

序号	考核内容	配分	评分标准	考核记录	扣分	得分
1	市场调查与预测	20 分	汽车配件市场调查和预测，采用的方法与步骤，对调查结果的分析运用等。错误一项扣 5 分			
2	配件订货员的要求	10 分	配件订货员的能力要求，配件订货员的职责。错误一项扣 5 分			
3	配件订货计划的制订	20 分	良性库存的计算，配件品种的确定，配件订货数量的确定，订货计划的制订等。错误一项扣 5 分			
4	配件订货	20 分	货源的选择，订货的程序，进货方式的选择，订货跟踪等。错误一项扣 5 分			
5	订立采购合同	10 分	合同的主要条款，合同的注意事项。错误一项扣 5 分			
6	5S 管理	10 分	错误一项扣 5 分			
7	沟通表达	10 分	错误一项扣 5 分			
8	分数统计	100 分				

第三章

汽车配件出入库管理

 学习目标

通过本章的学习,你应能:

1. 叙述汽车配件出入库相关要求;
2. 知道汽车配件出入库具体操作流程;
3. 能运用正确的方法对汽车配件进行验收,并针对验收结果给出合理的处理方案;
4. 会对验收合格的汽车配件按入库的规范与流程完成入库作业;
5. 懂得在日常生产中配件出库的完整手续,并进行相关的财务核算;
6. 养成良好的职业素养和科学的工作方式,配件出入库时要细心、认真。

建议学时

10 学时。

工作情景描述

某品牌汽车4S店新订购的一批配件已经到货,你按规定进行各项检验并验收,对验收结果进行正确地处理,对于合格的配件要放置到合理的地方,并做好入库登记工作。对日常生产中配件的出库,按完整的领用手续,根据要求按照不同的出库方法进行财务核算,能准确地对出、入库的配件进行记录存档和科学化管理。

 学习引导

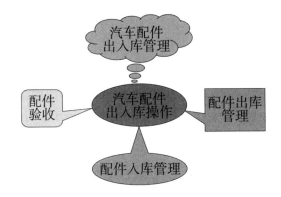

第一节 汽车配件验收

一、验收流程

配件验收是汽车配件经营与管理中不可缺少的一个重要环节,在验收过程中,根据配件的相关资料对配件质量进行规范的检验,判断配件质量、数量是否合格,再根据验收结果采取不同的相应措施进行处理。配件验收流程如图3-1所示。

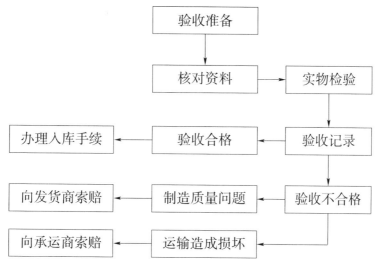

图3-1 配件验收流程

1. 验收准备

首先熟悉收受凭证及相关订货的资料;准备并校验相应的验收工具,如磅秤量尺、卡尺等,保证计量的准确;准备堆码、搬运用的搬运设备、工具以及材料;配备足够的人力,根据到货产品数量及保管要求,确定产品的存放地点和保管方法等。

2. 核对资料

入库产品应具备下列资料:主管部门提供的产品入库通知单;发货单位提供的产品质量证明资料(一般是产品合格证);产品发货单(图3-2)、装箱单、磅码单;承运部门提供的运单及必要的证件。仓库需对上述资料进行整理和核对,无误后即可进行实物检验。

产品发货单

订单编号	1231	接单日期	2005-01-18		销售员	李X
客户名称	北方机械厂				客户编号	123
序号	产品名称	计量单位	单价	数量	金额	备注
1	轴承	个	230	10	2300	
					0	
					0	
					0	
					0	
合计金额					¥2,300.00	
合计金额(大写)						
审批日期:		审批人:		审批意见:		
发货日期:		发货人:				

图 3-2　产品发货单

3. 实物检验

实物检验包括对产品数量和产品质量两个方面的检验。数量检验是核对到货产品的名称、规格、型号、件数等是否与入库通知单、运单、发货明细表一致。在验收时，仓库应采取与供货方一致的计量方法，即按质量供货者，应以千克称量；按件数供货者，应清点件数；按理论换算供货者，应以尺计量换算。质量检验包括对产品的包装状况、外观质量和内在质量的检验。一般仓库只负责包装和外观质量的检验，通过验看外形判断产品质量状况。需要进行技术检验确定产品质量的，则应通知企业技术部门和取样送请专业检验部门检验。例如对轮胎的检验（图 3-3）。

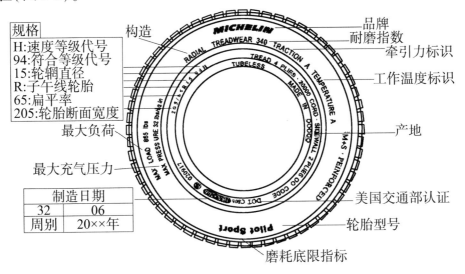

图 3-3　轮胎的检验

4. 验收记录

产品验收结果应当及时做出验收记录。验收记录内容主要包括产品名称、规格、供货单位、出厂日期（或批号）、运单号、到达日期、验收完毕日期、应收数量、实收数量、抽查数量、质量情况等。凡遇数量短缺或包装破损的,应注明短缺数量及残损程度,并进行原因分析,附上承运部门的现场验收签证或照片,及时与供货单位交涉,或报上级管理部门处理。处理期间,产品应另行存放,不得与合格产品混存,更不得发放使用,且须妥善保管。

5. 办理入库手续

产品经验收无误后即应办理入库手续,进行登账、立卡,建立产品档案,妥善保管产品的各种证件、说明、账单资料。

二 汽车配件的验收流程

配件验收流程如图 3-4 所示。

图 3-4　配件验收流程

1. 清点箱数

(1)接收送货单(或货运单):货运公司送货到门口时,首先接收送货单(或货运单),做收货准备,注意送货单为一式两联。

(2)确认送货单(或货运单)内容:确认送货单(或货运单)上收货单位为本公司名称,确认本次收货的日期和收货箱数,准备收货。

(3)清点数量:按一个包装标签为一个箱头(件数)进行清点,包装标签如图 3-5 所示。

清点时,确认零件包装标签上的公司名称是本公司的名称,确认包装标签下的发货日期与送货单(或货运单)相符;清点后,确认收到的件数(符合上述要求的箱头)与送货单(或货运单)上的一致。

图 3-5　包装标签

2. 检查包装

对收到的零件逐一检查外包装的完好性,若收到的零件外包装不良,如图 3-6~图 3-9 所示,则应打开不良的包装对所装零件进行检查,内装零件破损时,在货运单上必须注明,拍照后向供货商申请索赔。

图 3-6　外包装破损

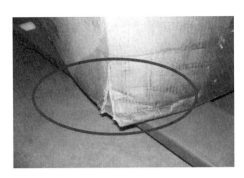
图 3-7　零件渗漏

图 3-8　外装木箱散架

图 3-9　外包装有明显痕迹

3. 签收

按以上流程验收后,才能签署送货单(或货运单),签署样本如图 3-10 所示。

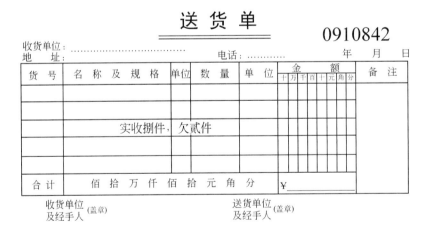

图 3-10　签署样本

(1) 货物无异常时,签收字样为"实收××件,签收人××,收货日期×年×月×日"。

(2) 货物数量不符时,签收字样为"实收××件,欠××件,签收人××,收货日期×年×月×日"。

送货单(或货运单)签署后,一联留存做申请索赔备用,一联交物流公司带回。

4.明细验收

(1)取出发票清单。在包装箱上找到标有"内附清单"字样的箱头[图3-11a)],打开包装并在红色胶袋内取出发票清单[图3-11b)],准备验货。

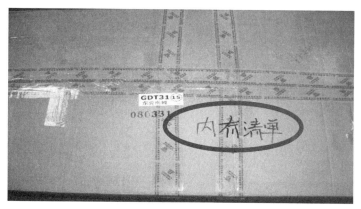

a)包装箱标识

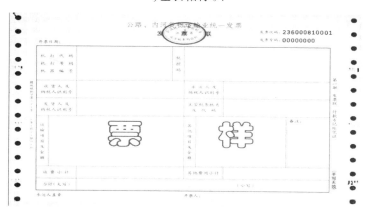

b)发票清单

图3-11　包装箱标识及发票清单

(2)准备验收工具。准备手推车、篮筐,将到货清单平整夹好,准备开箱验货,如图3-12所示。

(3)确认发票清单为本公司清单。确认全部待验收的发票清单客户名称为本公司的名称。

(4)根据发票清单逐一验收零件。根据发票清单验收零件,逐一核对零件编码、数量,确认零件是否属于开箱检查的范围。

图3-12　准备验收工具

（5）以下零件必须开箱检查：
①包装不良的零件（包括有明显碰撞痕迹、破损、漏油等）。
②易损件，如图 3-13 ~ 图 3-16 所示。

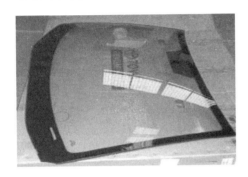

图 3-13　易损件——玻璃

图 3-14　易损件——灯具

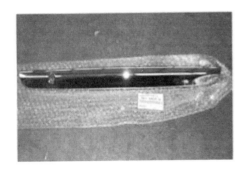

图 3-15　易损件——饰条

图 3-16　易损件——塑胶制品

③高价值零件，零件单价在 1000 元以上的零件。

在验收过程中，经常会出现的几种不良验收的情况，见表 3-1。

不良验收示例　　　　　　　　　　　　　　　　　表 3-1

序号	不良验收状况	易造成的问题
1	零件从外包装取出后放置在地上进行验收	①验收时容易踩踏零件，造成零件损伤。②验收与未验收零件不易明确区分，容易造成验收差错
2	先将零件从箱中全部取出，丢弃外包装后再进行验收	①容易出现零件未完全取出，验收完毕后发现短缺，在垃圾堆中找回零件。②发生货损时未能真实反映零件装箱情况，令供应商装箱改善工作难以到位

续上表

序号	不良验收状况	易造成的问题
3	验收时未对所有包装完全打开进行验收	容易点漏或点错零件
4	零件到货后未验收先出库或未验收已上架	容易遗漏验收零件,向分库申报错误短缺报告

5. 填验收表

经过以上 4 个步骤以后,验收人员可以填写配件验收表,见表 3-2。

配 件 验 收 表　　　　　表 3-2

月　　　日　　　　　　编号

采购单号		零件名称					料号								
供应商						数量									
检验项目	标准	抽样结果记录													
		1	2	3	4	5	6	7	8	9	10	11	12	13	14	15	16
结果	合格　不合格	审核							检验者							

汽车配件的验收方法

1. 目测法

目测法主要适用于缺少完备检测手段的汽车配件经销企业,而且只适用于验收机械、橡胶、塑料类的汽车配件产品,一般也不用于验收汽车电子产品。目测法能够识别的是产品表面质量和表面处理工艺,比如电镀工艺、油漆工艺、热处理工艺、包装工艺等。目测法主要可归结为"五看"。

1)看商标

要认真查看商标上的厂名、厂址、等级和防伪标记是否真实,因为对有短期行为的仿制假冒者来说,防伪标志的制作不是一件容易的事,需要一笔不小的支出,另外在商品制作上,正规的厂商在配件表面有硬印和化学印记,注明了零件的编号、型号、出厂日期,一般采用自动打印,字母排列整齐,字迹清楚,小厂和小作坊一般是做不到的。

2) 看包装

汽车配件互换性很强,精度很高,为了能较长时间存放、不变质、不锈蚀,需在产品出厂前用低度酸性油脂涂抹。正规的生产厂家,对包装盒的要求也十分严格,要求无酸性物质,以防止产生化学反应,有的采用硬型透明塑料抽真空包装。考究的包装能提高产品的附加值和身价,箱、盒大都采用防伪标志,常用的有激光、条码、暗印等,这些防伪标志在采购配件时非常重要。

3) 看文件资料

一定要查看汽车配件的产品说明书,产品说明书是生产厂进一步向用户宣传产品,为用户做某项提示,帮助用户正确使用产品的资料。通过产品说明书可增强用户对产品的信任感。一般来说,每个配件都应配一份产品说明书(有的厂家配用户须知)。如果交易量相当大,还必须查询技术鉴定资料,进口配件还要查询海关进口报关资料。国家规定,进口商品应配有中文说明,一些假冒进口配件一般没有中文说明,且包装上的外文,有的文法不通,甚至写错单词,一看便能分辨真伪。

4) 金属机械配件可以查看其表面处理

所谓表面处理,即电镀工艺、油漆工艺、电焊工艺、高频热处理工艺。汽车配件的表面处理是配件生产的后道工艺,商品的后道工艺尤其是表面处理涉及很多现代科学技术。国际和国内的名牌大厂在利用先进工艺上投入的资金是很大的,特别对后道工艺更为重视,投入资金少则几百万元,多则上千万元。一些制造假冒伪劣产品的小工厂和手工作坊有一个共同特点,就是采取低投入掠夺式的短期经营行为,很少在产品的后道工艺上投入技术和资金,而且也没有这样的资金投入能力。

5) 看非使用面的表面伤痕

从汽车配件非使用面的伤痕也可以分辨是正规厂生产的产品,还是非正规厂生产的产品。表面伤痕是在中间工艺环节由于产品相互碰撞留下的。优质的产品是靠先进科学的管理和先进的工艺技术制造出来的。生产一个零件要经过几十道甚至上百道工序,而每道工序都要配备工艺装备,其中包括工序运输设备和工序安放的工位器具。高质量的产品有很高的工艺装备系数作为保障,所以高水平工厂的产品在中间工艺过程中互相碰撞的概率很小。以此推断,凡在产品不接触面留下伤痕的产品,很大可能是小厂、小作坊生产的劣质品。

2.简单技术手段鉴别法

对一些从表面处理上无法确定质量状况的产品,可以采用简单技术手段鉴别。利用一些简单的计量工具(标准的产品样件),从产品的表面硬度是否合格、几何尺寸是否变形、总成部件是否缺件、转动部件是否灵活、装配标记是否清晰、胶接零件是否松动、配合表面有无磨损等方面,通过测量、敲击、对比等方式确定产品质量。

3.试验法

试验法适用于单件产品价值高、产品技术含量高和产品质量要求高的汽车配件。需要利用专用的检测试验设备进行产品性能测试。

汽车配件产品的验收方法多种多样,各种手段需要综合运用,根据不同的配件采用不同的验收方法,并综合运用。

 验收注意事项

汽车配件采购员在确定了进货渠道及货源,并签订了进货合同之后,必须在约定的时间、地点,对配件的名称、规格、型号、数量、质量检验无误后,方可接收。

1.查验配件品种

检验配件品种时,要按合同规定的要求,对配件的名称、规格、型号等认真查验。

如果发现产品品种不符合合同规定的要求,一方面应妥善保管,另一方面应在规定的时间内向供方提出异议。

2.查验配件数量

对配件数量的检验,要对照进货发票,先点收大件,再检查包装及其标识是否与发票相符。

整箱配件,一般先点件数,后抽查细数;零星散装配件需点验细数;贵重配件应逐一点数；对原包装配件有异议的，应开箱开包点验细数。验收时，应注意查验配件分批交货数量和配件的总货量。无论是自提还是供方送货，均应在交货时当面点清。供方代办托运的应按托运单上所列数量点清，超过国家规定合理损耗范围的应向有关单位索赔。实际交货数量与合同规定交货的数量之间的差额不超过有关部门规定的，双方互不退补；超过规定范围的，要按照国家规定计算多交或少交的数量。双方对验收有争议的，应在规定的期限内提出异议，超过规定期限的，视为履行合同无误。

3. 查验配件质量

（1）采用国家规定质量标准的，按国家规定的质量标准验收；采用双方协商标准的，按照封存的样品或样品详细记录下来的标准验收。接收方对配件的质量提出异议的，应在规定的期限内提出，否则视为验收无误。当双方在检验或试验中对质量发生争议时，按照《中华人民共和国标准化管理条例》规定，由标准化部门的质量监督机构执行仲裁检验。

（2）在数量庞大、品种规格极其繁杂的汽车配件的生产、销售中，发现不合格品、数量短缺或损坏等，有时是难以避免的。如果在提货时发现上述问题，应当场联系解决。如果货到后发现，验收人员应分析原因，判明责任，做好记录。一般问题填写"运输损益单""汽车配件销售查询单"查询，问题严重或牵涉数量较多、金额较大时，可要求供货方派人来查看处理。

（3）汽车配件从产地到销地，要经过发货单位、收货单位（或中转单位）和承运单位三方共同协作来完成，所以必须划清三方面的责任范围，责任划分的一般原则包括如下方面。

①汽车配件在铁路、公路交通运输部门承运前发生的损失和由于发货单位工作差错或处理不当发生的损失，由发货单位负责。

②从接收中转汽车配件起，到交付铁路、公路交通运输部门运转时止所发生的损失和由于中转单位工作处理不善造成的损失，由中转单位负责。

③汽车配件到达收货地，并与铁路、公路交通运输部门办好交接手续后，发生的损失和由于收货单位工作的问题发生的损失，由收货单位负责。

④自承运汽车配件起运（承运前保管的车站、港口从接收汽车配件时起）至汽车配件交付收货单位或依照规定移交其他单位时止发生的损失，由承运单位负责。但由于自然灾害，汽车配件本身性质和发、收、中转单位的责任造成的损失，承运单位不负责任。

异常情况的处理

1. 零件短缺（表3-3）

零件短缺　　　　　　　　　　　　　　　　表3-3

分类		描述			说明
		订单	出库清单	实际到货	
短缺	少发	A A A	A A A	少货 A A	订单上采购A的数量与出库一致，但实际到货零件数量少
短缺	空包装	A	A	空箱	订单上采购零件A，实际到货零件A为空箱，没有零件或少件

2. 零件多发（表3-4）

零件多发　　　　　　　　　　　　　　　　表3-4

分类		描述			说明
		订单	出库清单	实际到货	
多余	多发	A A	A A	多箱 A A A	订单上采购A的数量与出库一样，但实际到货零件数量多

3. 零件错误(表 3-5)

零件错误 表 3-5

分类		描述			
		订单	出库清单	实际到货	说明
误件	错发	A	A	零件错误 B	订单上采购零件 A，出库清单上为零件 A，但实际到货零件是 B

在验收过程中发现以上 3 类异常问题时，可以按照表 3-6 要求，提交资料给供货商以索赔。

异常问题处理 表 3-6

原因	提供文件			
	报告书	照片	其他文件	申报时间
短缺	●		送货单或货运单	收货后一天以内
多余	●	●	送货单或货运单	收货后一天以内
误件	●	●		

除上述的几种情况以外，在汽车配件验收的过程中还经常会遇到采购零件在货运过程中发生破损甚至整箱丢失的情况，此时应按照货运单、发票清单的内容填写零件到货报告(图 3-17)，并及时要求货运公司出具货运证明，以此向货运公司或者供货商索赔。

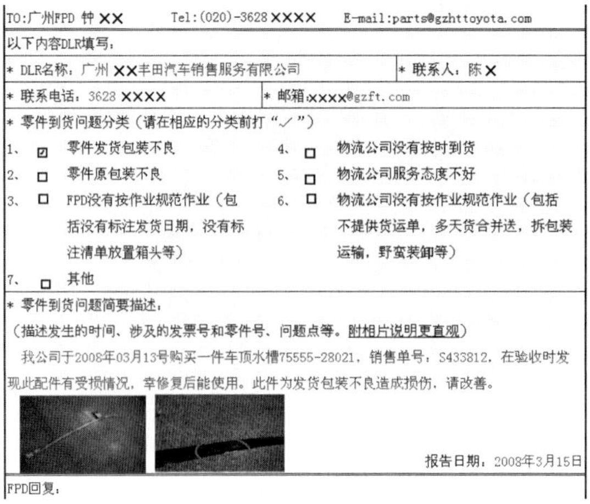
TO:广州FPD 钟 XX　Tel:(020)-3628 XXXX　E-mail:parts@gzhttoyota.com

以下内容DLR填写：

* DLR名称：广州 XX丰田汽车销售服务有限公司　* 联系人：陈 X

* 联系电话：3628 XXXX　* 邮箱：XXXX@gzft.com

* 零件到货问题分类（请在相应的分类前打“✓”）

1、☑ 零件发货包装不良　4、☐ 物流公司没有按时到货

2、☐ 零件原包装不良　5、☐ 物流公司服务态度不好

3、☐ FPD没有按作业规范作业（包括没有标注发货日期，没有标注清单放置箱头等）　6、☐ 物流公司没有按作业规范作业（包括不提供货运单，多天货合并送，拆包装运输，野蛮装卸等）

7、☐ 其他

* 零件到货问题简要描述：

（描述发生的时间、涉及的发票号和零件号、问题点等。附相片说明更直观）

我公司于2008年03月13号购买一件车顶水槽75555-28021，销售单号：S433812，在验收时发现此配件有受损情况，幸修复后能使用。此件为发货包装不良造成损伤，请改善。

报告日期：2008年3月15日

FPD回复：

图 3-17　零件到货报告

第二节 汽车配件入库

一 配件入库有关制度

（1）配件采购回来后首先办理入库手续,由采购人员向仓库管理员逐件交接。库房管理员要根据采购计划单的项目认真清点所要入库物品的数量,并检查好物品的规格、质量,做到数量、规格、品种、价格准确无误,质量完好,配套齐全,并在接收单上签字(或在入库登记簿上共同签字确认)。

（2）对于在外加工货物应认真清点所要入库物品的数量,并检查好物品的规格、质量,做到数量、规格、品种准确无误,质量完好,配套齐全,并在接收单上签字。

（3）配件入库根据入库凭证,现场交接接收,必须按所购物品条款内容、物品质量标准,对物品进行检查验收,并做好入库登记。

（4）配件验收合格后,应及时入库。

（5）配件入库,要按照不同的主机型号、材质、规格、功能和要求,分类、分别放入货架的相应位置储存,在储存时注意做好防锈、防潮处理,保证货物的安全。

（6）配件数量准确、价格不乱,做到账、标牌、货物相符合。发生问题不能随意更改,应查明原因及是否有漏入库、多入库。

（7）精密、易碎及贵重配件要轻拿轻放,严禁挤压、碰撞、倒置,要做到妥善保存,其中贵重物品应入公司内小仓库保存,以防盗窃。

（8）做好防火、防盗、防潮工作,严禁让与配件部门无关的人员进入仓库。

（9）仓库要保持通风,并保持库室内整洁,由于仓库的容量有限,货物的摆放应整齐紧凑,做到无遮掩,标牌要醒目,便于识别辨认。

二 配件入库相关流程

配件入库流程如图 3-18 所示。

图 3-18　配件入库流程

1. 入库搬运

配件入库搬运的第一步要求是卸车。由于汽车配件种类繁多,且特征不同,因此多数卸车是靠人工体力完成的。

配件的入库搬运包括配件在仓库设施内的所有移动。仓库收到配件后,为了库存管理和出库的需要,有必要在仓库内搬运货物并确定其货位。当配件需要出库时,将所需配件集中起来并将其运送到配件发料区。

一般说来,配件在仓库中至少要有两次搬运。第一次移动是将配件搬运进库并放置在指定的储存位置上。第二次移动是在仓库内部进行的,这次移动是为了配件分选。当需要分选时,配件就被搬运至拣选区。如果配件体积大,则第二次移动就可省去。第三次移动是把汽车公司作业需要的配件从仓库运到发料区。

在搬运当中应当注意的事项主要有如下方面:

(1)尽量使用工具搬运,如小型手推车、平板车等,以提高效率。

(2)尽量减少搬运次数,减少搬运时间。

(3)尽量缩短搬运距离,节省人力。

(4)通道不可有障碍物,以免阻碍运输。

(5)应注意人身及产品安全。

(6)各类配件应有明确的产品及路程标识,不可因搬运混乱而造成生产混乱。

配件存放管理办法

2. 安排货位

货位是指仓库中配件存放的具体位置,在库区中按地点和功能进行划分,来存放不同类别的货物。货位的合理设置,可以方便仓库中对货物的组织以及出入库时对货物的管理。汽车配件仓库货位的安排主要应遵循如下原则:

(1)尽量充分地利用库存空间,货位布置要紧凑,以提高仓容利用率。

(2)能够以最快的速度找到所需配件。

(3)尽量减少在库房中行走的距离,降低搬运配件的劳动强度。

(4)分别存储形状相似配件,降低拿错配件的概率。

(5)随时调整货位安排,满足上述要求。

具体汽车配件仓库的货位安排详见本书第五章中的内容。

3. 堆码

堆码就是将配件整齐、规则地摆放成货垛的作业过程,一般对堆码的作业要求如图 3-19 所示。

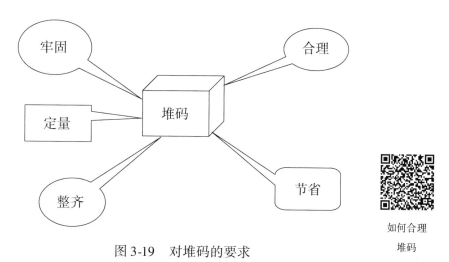

图 3-19　对堆码的要求

由于汽车配件种类繁多,因此在汽车配件堆码的实际操作中,还需要注意如下方面:

(1)同类产品按生产日期、规格单独存放。

(2)不同品种的货物分别放置在不同的托盘上。

(3)贴有"标签"的物品,"标签"应向外与通道平行。

(4)严禁倒置,严禁以超过规定的层级堆码。

(5)货架上物品存放质量不得超过货架设计载荷。

(6)在托盘上码放货物时,托盘间应预留合理距离,以便于移动,并避免货物错放。

(7)手工操作的每个货物托盘上应放置一张"储位卡"。

4.入库登记

产品经验收无误后即应办理入库手续,进行登账、立卡等,妥善保管产品的各种证件、说明书、账单资料。入库登记流程如图 3-20 所示。

图 3-20　入库登记流程

登账:仓库对每一种规格及不同质量(级别)的产品都必须建立收、发、存明细账,以及时反映产品存储动态。登账时必须要以正式的收发凭证为依据。

立卡:料卡是一种活动的实物标签,反映库存产品的名称、规格、型号、级别、储备定额和实存数量。一般料卡直接挂在货位上。

建档:历年的产品技术资料及出入库有关资料应存入产品档案,以利查询,积累产品报告经验。产品档案应一物一档,统一编号,做到账、卡、物三者相符,以便查询。

第三节 汽车配件出库

对于配件的出库,一定要做到迅速和准确,必须要依据合法的出库凭证,同时要贯彻合理的发放和出库的原则,防止配件长期积压、生锈或辅料过期变质。通过不同的出库核算方法对库存进行核算,遇出库凭证不全等情况一定不出库,在出库后要做好配件出库的登记。

汽车配件出库相关制度

以下为某品牌汽车专营店的配件出库管理制度。

出库管理规定

第一条　仓管部门应在下列几种情况下出货:

(1) 维修作业领料。

(2) 维修换件借用。

(3) 顾客购买。

(4) 索赔。

第二条　除上述各项出库外,公司仓库部可视实际情形的需要出库。

第三条　各项出库均要有不同的领料单证,同时由领取人亲笔签名方可领取。

第四条　使用部门、个人急需用料情形下,仓库管理员可事先电话通知部门负责人方可按领用人的要求正确填写出库单并出库,但事后要补签手续。

第五条　任何仓库管理员均应于出货当日将有关资料入账,以便存货的控制。

第六条　各部门人员向仓管部门领货时,应在仓库的柜台办理,不得随意自行进入仓库内部,各仓库管理员应阻止任何人擅自入内。

第七条　发料人在配件出库时应详细检查商品的性能品质及附件是否优良或齐全。

第八条　配件领出后,严禁出货人擅自将所领出的物品移转给其他人或部门。

第九条　库存配件外借,出库后一律限于当天归还仓库。

 出库流程

汽车配件出库流程如图 3-21 所示。

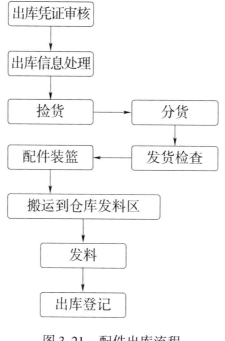

图 3-21　配件出库流程

如何出库

 出库类型和出库单示范

1. 维修作业正常领料

如:某客户挂有车牌桂 A-D63××,正常维修作业需要领料,由维修班组派人领料,并有领料人在领料单上签字确认后方可领料。出库单上类型注明是维修。图 3-22 所示为维修出库单。

2. 维修换件借用

有些情况下,车辆在维修的过程中,需要通过换上新件来判断旧件是否损坏,这时维修人员就会向配件部门借一个新件。这种情况下就需要填维修借件单。图 3-23 所示为维修借件单。

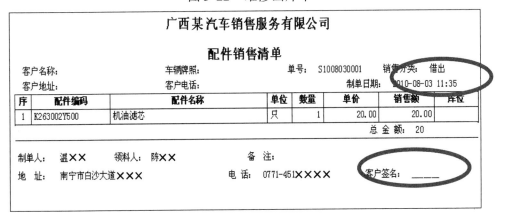

配件出库单

出库单号：2202120001　　车辆型号：卡罗拉-ZRE152L-GEFGKC　　车辆牌照：桂M-6M2
客户名称：袁××　　车辆 VIN：LFMAL1CC2M0038761　　工单号码：2202080032
出库日期：22-02-12 09:36　　打印时间：22-02-13 14:35　　维修类别：事故车保险付费

序	配件编码	配件名称	数量	销售单价	销售合计	库位	库存
1	5380102350	右前翼子板分总成	1	769	769.00	B1-1	1

合　计：	出库件数：	1.00	金额合计：	769.00

出库单备注：

领料人：(韦××)　　经办人：(罗××)

图 3-22　维修出库单

广西某汽车销售服务有限公司

配件销售清单

客户名称：　　车辆牌照：　　单号：S1008030001　　销售分类：借出
客户地址：　　客户电话：　　制单日期：2010-08-03 11:35

序	配件编码	配件名称	单位	数量	单价	销售额	库位
1	K263002Y500	机油滤芯	只	1	20.00	20.00	

总 金 额：20

制单人：温××　　领料人：陈××　　备　注：
地　址：南宁市白沙大道×××　　电 话：0771-451××××　　客户签名：____

图 3-23　维修借件单

3. 客户购买销售出库单

一般情况下,配件是不允许销售的,但是特殊情况下少数配件则允许销售。这些允许销售的配件一般是更换时操作比较简单的配件,比如机油、冷却液、滤清器等,或者是销售给本品牌其他网点的配件。

如广州本田允许该品牌 4S 店外销的配件有如下特点：

(1)用户可自行更换。

(2)品种涉及机油、机油滤清器、空气滤清器、灯泡、轮胎、空调滤芯、火花塞、电池、刮水器、刮水片等。

(3)外销对象必须是直接用户,必须有客户签名的详细记录单,必须执行标准价格。

这类配件销售的出库单必须在类型上注明是销售。图 3-24 所示为顾客购买销售单。

广西某汽车销售服务有限公司

配件销售清单

客户名称：　　　　车辆牌照：　　　　单号：S1003[illegible]0003　　销售分类：网点销售

客户地址：　　　　客户电话：　　　　制单日期：2010-03-05 [illegible]

序	配件编码	配件名称	单位	数量	单价	销售额	库位
1	K552202E010	牵引臂总成	条	1	147.36	147.36	I1-3-3

总金额：147

制单人：温××　　领料人：　　备注：

地址：　　电话：　　客户签名：____

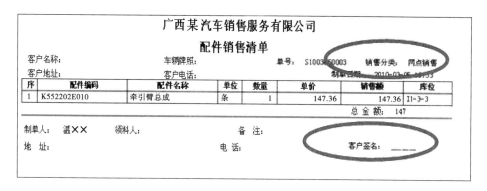

图 3-24　顾客购买销售单

4. 索赔件出库单

由于索赔件的特殊性，所以索赔件的出库也必须特别注明。图 3-25 所示为索赔件出库单。

广西某汽车销售服务有限公司配件出库单

出库单号：1002030049　　车辆型号：赛拉图-YQZ7162　　车辆牌照：桂A-GV×××

客户名称：李××　　车辆 VIN：LJDDAA22X90353599　　工单号码：100203054

出库日期：10-02-03 15:32

序	车型	配件编码	配件名称	单位	数量	单价	销售额	库位	索赔
1	赛拉图	G977632F000	空调软管（1.6压至阀）	只	1	97.91	97.91		索赔
2	辅料	134R	巨化雪种	瓶	2	25	50		索赔
3	辅料	0005	雪种油	只	1	10	10	0.	索赔

数量：4.00　　金额：157.91

车间主管：　　经办人：陈××　　领料人：何××

图 3-25　索赔件出库单

5. 预出库的情况

预出库一般是指在车辆维修的过程中，需要更换的一些配件在配件仓库里面没有，但是又急需更换的，这就需要预订货，即其他章节提到的客户订单。这种情况由车主确认后先付款，然后即可发出订单订货，等配件到达即交给维修部门作业。这种情况由于与一般的出库情况不同，所以要采用预出库单，如图 3-26、图 3-27 所示。

备件库存查询

南宁 **

仓库名称：全部

序号	备件号	备件名称	单位	数量	库存上限	库存下限	成本单价	成本总价	库存金额（含税）	网点价	建议零售价	零售价	仓库名称	仓位编号
1	F25503RAMH-B154	发动机锁撑杆	个	1	0	0	43.628319	43.628318	49.30	49.30	66	66	新轩逸1208-1512	2N1-3A1

制表人：××　　制表时间：2022/2/15

图 3-26　库存量查询

通过库存量查询，该配件库存量为零，因此需要进行预订货。

图 3-27　预出库管理

四　出库核算方法

汽车维修企业一般采用先进先出法、加权平均法或个别计价法确定发出存货的成本。

1. 先进先出法

先进先出法是指根据先购进的存货与先发出的成本流转假设对存货的发出和结存进行计价的方法。采用这种方法的具体做法是：先按存货的期初余额的单价计算发出的存货的成本，领发完毕后，再按第一批入库的存货的单价计算，依此从前向后类推，计算发出存货和结存货的成本。

出库原则及要求

先进先出法是存货的计价方法之一。它是根据先购入的商品先领用或发出的假定计价的。用先进先出法计算的期末存货额，比较接近市场价。

先进先出法是以先购入的存货先发出这样一种存货实物流转假设为前提，对发出存货进行计价的一种方法。采用这种方法，先购入的存货成本在后购入的存货成本之前转出，据此确定发出存货和期末存货的成本。

例：假设库存为零，1 日购入 A 产品 100 个，单价 2 元；3 日购入 A 产品 50 个，单价 3 元；5 日销售发出 A 产品 50 个，则发出单价为 2 元，成本为 100 元。

先进先出法假设先入库的材料先耗用，期末库存材料就是最近入库的材料，因此，发出材料按先入库的材料的单位成本计算。

以先进先出法计价的库存的商品存货则是最后购进的商品存货。在市场经济环境下，各种商品的价格总是有所波动的，在物价上涨过快的前提下，先购进的存货其成本相对较低,而后购进的存货成本就偏高。这样发出存货的价值就低于市场价值,产品销售成本偏低,而期末存货成本偏高。但因商品的售价是按近期市价计算,因而收入较多,销售收入和销售成本不符合配比原则,以此计算出来的利润就偏高,形成虚增利润,实质为"存货利润"。

由于虚增了利润,故会加重企业所得税负担以及向投资人分红增加,从而导致企业现金流出量增加。但是从筹资角度来看,较多的利润、较高的存货价值、较高的流动比率意味着企业财务状况良好,这可博得社会公众对企业的信任,增强投资人的投资信心;而且利润的大小往往是评价一个企业负责人业绩的重要指标,不少企业按利润水平的高低来评价企业管理人员的业绩,并根据评价结果来奖励管理人员。此时,管理人员往往乐于采用先进先出法,因为这样做会高估任职期间的利润水平,从而多得眼前利益。

2. 加权平均法

加权平均法也称为全月一次加权平均法,是指用当月全部进货数量加上月初存货数量作为权数和当月全部进货成本加上月初存货成本,计算出存货的加权平均单位成本,以此为基础计算当月发出存货的成本和期末存货的成本的一种方法。具体算法如下:

存货的加权平均单位成本 =(月初结存货成本 + 本月购入存货成本)/(月初结存存货数量 + 本月购入存货数量)

月末库存存货成本 = 月末库存存货数量 × 存货加权平均单位成本

本期发出存货的成本 = 本期发出存货的数量 × 存货加权平均单位成本 = 期初存货成本 + 本期收入存货成本 − 期末存货成本

在市场预测里,加权平均法就是在求平均数时,根据观察期各资料重要性的不同,分别给以不同的权数加以平均的方法。其特点是所求得的平均数已包含了长期趋势变动。

加权平均法的优点是计算手续简便。其缺点是:采用这种方法,必须要到月末才能计算出全月的加权平均单价,这显然不利于核算的及时性;按照月末加权平均单价计算的期末库存材料价值与现行成本相比,有比较大的差异。

事实上,资产负债表中的数据是一个时点数,而利润表中的数据是时期数,财务比率是财务报表中数据的比值,如果计算某一比率时,其中一个数据来自资产负债表而另一数据来自利润表,则来自资产负债表的数据在整个期间(如一年)内可能是变化的,如股本数、净资产、总资产等,这样由于取数方法不同就产生全面摊薄和加权平均的概念。全面摊薄是指计算时按照期末(如年末)数计算,不取平均数,如用年末股数计算的全面摊薄每股收益。加权平均法是计算平均值的一种方法,是按照权数来进行平均。还有一种就是简单平均法,如计算存货周转率时就采用了简单平均法。

3. 个别计价法

个别计价法又称个别认定法、具体辨认法、分批实际法。采用这一方法是假设存货的成本流转与实物流转相一致,按照各种存货,逐一辨认各批发出存货和期末存货所属的购进批次或生产批次,分别按其购入或生产时所确定的单位成本作为计算各批发出存货和期末存货成本的方法。

个别计价法的优点是计算发出存货的成本和期末存货的成本比较合理、准确,但在实务操作中工作量繁重、困难较大,适用于容易识别、存货品种数量不多、单位成本较高的存货计价。

个别计价法的计算公式是:

发出存货的实际成本 = 各批(次)存货发出数量 × 该批次存货实际进货单价

例:某工厂本月生产过程中领用 A 材料 2000kg,经确认其中 1000kg 属第一批入库材料,单位成本为 25 元;600kg 属第二批入库,单位成本为 26 元;400kg 属第三批入库,单位成本为 28 元。则本月发出 A 材料的成本计算如下:

发出材料实际成本 = 1000 × 25 + 600 × 26 + 400 × 28 = 51800(元)

一般配件部门通过服务率来统计配件的出库效率。配件部门与维修部门协作旨在减少维修技工的闲置时间,增加维修车间和配件部门的生产力,提高顾客便利性和满意度,并提高经销商利润。

为了最大限度地让顾客满意,4S 店应依据承诺将完工车辆交还顾客。维修部门的服务率应在 90% ~ 95% 之间,并且每月进行监控。在大多数情况下,维修部门是配件部门最重要的顾客,并且经销店最大的配件收益还是由向维修部门的配件服务来获得的。因此,经销店库存水平能够满足持续稳定地向维修部门提供所需配件的需求是非常重要的。如果要检查上述执行情况,经销店应每月监控服务率。服务率可按以下方法计算:

$$服务率 = \frac{当月出库总件数 - 缺货件数}{当月出库总件数} \times 100\%$$

或者按照每天的供应情况统计服务率,则更加精确:

$$服务率 = \frac{当天接收到的订货中立即出库率在 50\% 或以上的零部件}{当天接受订单的总件数} \times 100\%$$

例：维修部门一个月的总施工单数为752个，其中有728个施工单需要更换配件。此4S店配件库存可以满足的施工单有672个，则该配件部门当月的服务率为：

$$\frac{672(有配件库存的施工单)}{728(所有需要配件的施工单)}=92\%$$

另外，除了统计服务率之外，销售配件的品种和数量对于配件的库存和订货也有重要的指导意义，所以配件部门要对每天销售的配件的品种和数量进行统计。

如图3-28所示，点击"进销存报表"，则可进入的某4S店某天销售配件数量和品种的统计界面。该表也可以按照时间段、类别、仓库、商品名称等相关词条归类查询所需信息，如图3-29所示。

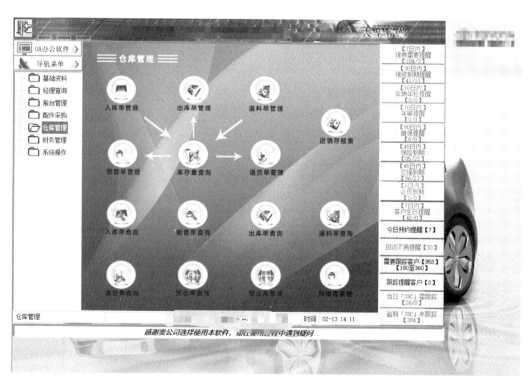

图3-28　进销存报表查询

五　出库要求

发货时必须先通过系统打印出库单，再由发货人和领料人共同验货、清点、确认单货相符、数量正确、质量合格后在出仓单上签字确认。

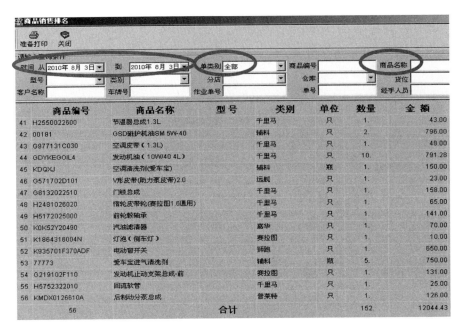

图 3-29　配件销售情况查询

不允许先发出配件，事后补办领料手续。打印出库单前，必须认真核对，确认相关料位码、配件编码、名称、适用车型等信息与需求配件完全一致，杜绝出库配件名实不符。仓库管理员发货时，应根据入库日期，按照先进先出原则进行操作。仓库管理员每收发一项配件都必须及时准确录入系统，及时在进销存卡上准确记录收发时间和数量，进销存卡必须对应货位、配件名称、配件编码，不可乱放乱记。

维修车间因外出救援或判断疑难故障而借用配件时，应填写《配件借用出库表》，经服务经理签字确认后方可借用，并确保当日归还并且单据要整洁、完好。仓库管理员应主动跟进，及时收回借出的配件，配件主管必须在每天下班前，检查所借出的配件是否收回。

汽车配件出库要求做到"三不、三核、五检查"。

1."三不"

"三不"即未接单据不登账、未经审单不备货、未经复核不出库，如图 3-30 所示。

2."三核"

"三核"即在发货时，要核实凭证、核对账卡、核对实物，如图 3-31 所示。

3."五检查"

"五检查"即对单据和实物要进行品名检查、规格检查、包装检查、件数检查、重量检查,如图3-32所示。

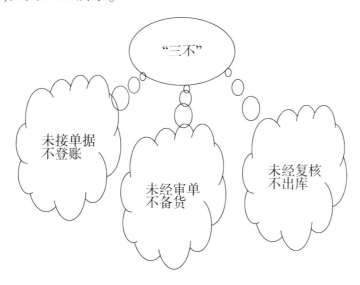

图3-30　配件出库要求——"三不"

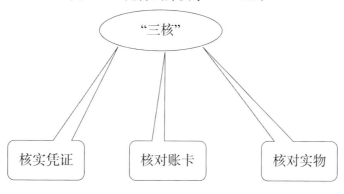

图3-31　配件出库要求——"三核"

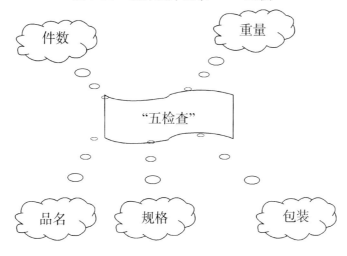

图3-32　配件出库要求——"五检查"

第四节 汽车配件出入库操作示例

汽车配件管理软件在汽车配件部门的运用实现一些初步的计算机化管理，它代替了传统的人工管理方式，在降低成本的同时提高了企业的工作效率。

一般软件都提供强大的数据存储、查询和汇总功能，多角度的业务分析报表和数据查询功能；具备严谨的权限和业务流程控制、系统自动维护和备份功能，以确保数据的安全性。智能化预警功能监测存货的短缺、超储等异常状况，确保企业生产经营正常进行。

作为汽车配件管理人员，应该掌握的基本技能除了汽车配件专业知识以外，还有汽车配件管理软件的使用方法，这样才能完成与汽车配件相关的工作。

下面通过一款汽车配件管理软件的操作来介绍如何进行配件的出入库操作。

一、汽车配件入库程序

汽车配件经过验收环节后即可入库，并且应该保证配件必须先入库后出库。

1. 到货验收

到货后，首先核对货运单及包装标签，核准无误后，方可卸货并核查到货件数与送货单上的货物件数是否相符，核查一致后在货运单上签字确认。验货时注意查看包装上的配件编码与名称与内装实物是否相符；查看配件编码与内装实物是否左右、前后相符；查看配件编码与内装实物是否相符。

当到货实物检查完毕、确认可以入库时，可以直接点击页面中最左侧的订货单号，直接进入入库输入操作页面。

2. 入库录入

先登录系统，如图 3-33 所示，进入后的系统界面如图 3-34 所示。在该界面上点击选定的相应配件即可进入配件明细输入界面。

图 3-33 登录系统

图 3-34 系统界面

如图 3-35 所示,在配件明细输入界面上修改、填写相关数据后,点击"入库处理"按钮,系统会自动生成配件入库单,如图 3-36 所示。

3. 上架

配件录入系统后,接着就应该在第一时间上货架。在实际入库前,首先应当取得有入库配件号、名称、数量、货架号等信息的入库清单。在入库处理后生成的配件入库单中,就标有这些信息,可以直接作为入库清单使用。

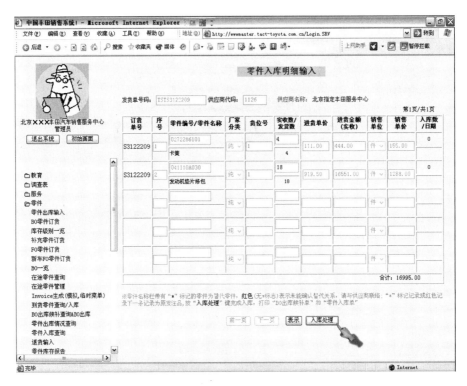

图 3-35　配件明细输入界面

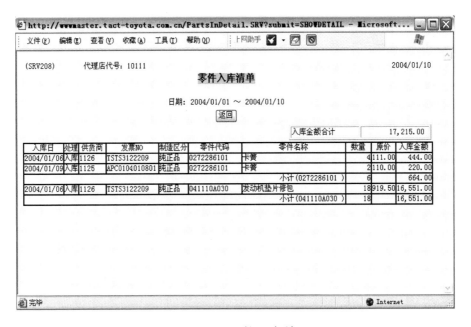

图 3-36　配件入库单

进入"上货架指示清单"功能,如图 3-37 所示。

点击"检索"按钮,即可获得上架指示清单,如图 3-38 所示。

第三章 汽车配件出入库管理

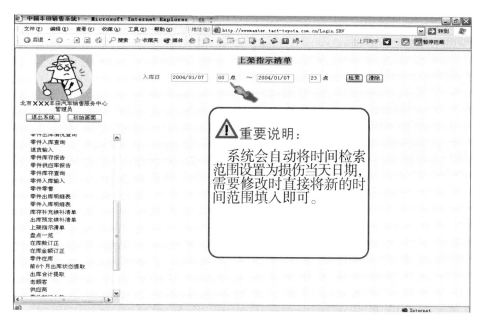

图 3-37 获取上架指示清单

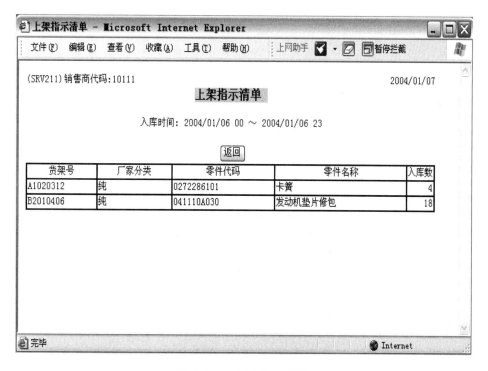

图 3-38 上架指示清单

接下来利用打印出的上货指示清单,就可以根据货架号将配件放入货架,进行入库作业。具体是将配件按配件编码分类分拣放上配件车,按入库清单上配件标识的货位,将配件放入相应货位,如图 3-39、图 3-40 所示。

111

图 3-39　配件分拣入库

图 3-40　配件入库上架

 汽车配件出库操作

1. 出库

出库时必须确认工单号和领料清单,即配件员根据工单上要求领的配件打印领料清单,然后按照领料清单上的零件编码及数量,清点零件,最后配件员及机修工在领料台上逐一确认零件无误后,在领料单上相应栏目签字确认。

确认工单号,如图 3-41 所示,按"确认"按钮后会进入出库处理界面。

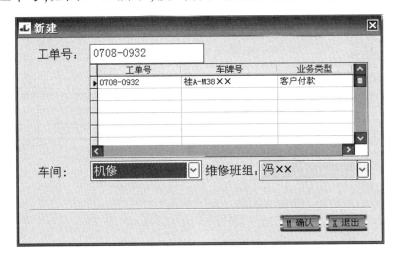

图 3-41　确认工单号

然后按提示勾选相应的项目,点击"出库"键,如图 3-42 所示,即可生成并打印零件出库单,如图 3-43 所示。

2. 销售出库

销售出库是针对不在厂维修的客户的。

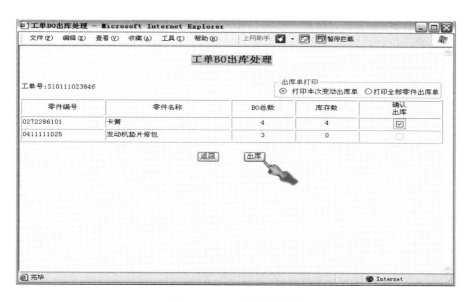

图 3-42　出库处理界面

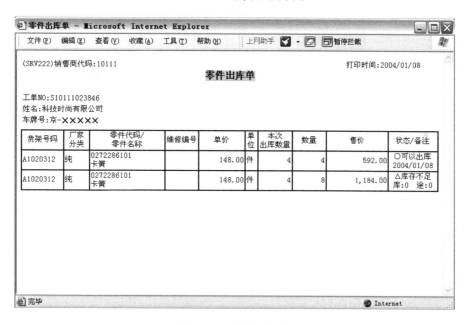

图 3-43　零件出库单

（1）进入零件零售界面。

（2）在客户名栏中输入客户名称,点击"检索"键,如图 3-44 所示。

（3）选择/新建顾客信息。此步骤与零件内销的操作方法相似,如果是曾经来过厂的老客户,就可以直接点击相应的客户 ID 进入零件零售页面;如果是第一次来厂的新客户,需要点击页面右上方的"新建"键,如图 3-45、图 3-46 所示。

图3-44 零件零售检索界面

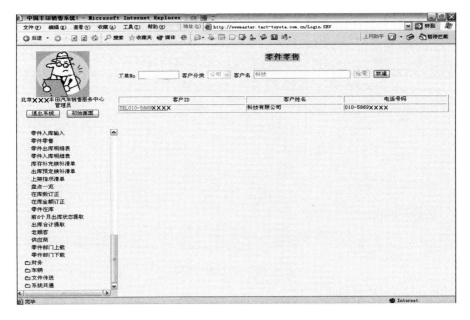

图3-45 新建客户名称

(4) 输入零件出库信息。

(5) 打折处理。在零件零售中进行打折,除了和零件内销中一样可以直接输入希望打折的金额外,还可以输入折扣率对总额进行打折。点击"表示"键后,打折后的结果可以在页面下方的优惠金额栏中看到。

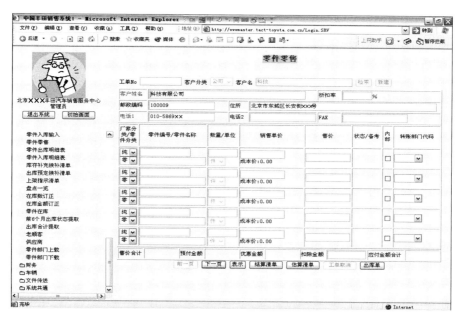

图 3-46 进入零件零售页面

例:某一零件外销的总额为 150 元,需要减去 30 元,这时怎样进行打折?

方法一:在页面右下方的扣除金额栏中直接输入 30,减去 30 元,如图 3-47 所示。

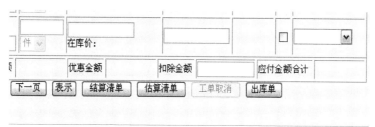

图 3-47 打折示例(一)

方法二:在页面右上方的折扣率栏中输入折扣率 20(%),如图 3-48 所示。

$$30 \div 150 = 20\%$$

图 3-48 打折示例(二)

（6）估算。在各项内容输入完成后，需要向客户进行报价并取得客户对报价的认可。点击页面下方的"估算明细单"键之后，系统会根据输入的信息生成估算明细单（图3-49），如果库存充足，打印之后就可以交客户签字了。

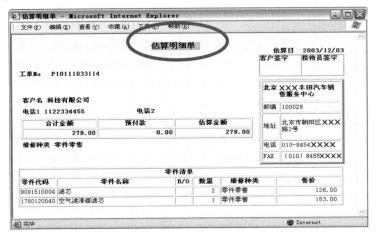

图3-49　估算明细单

（7）结算。再次进入"零件〉零件零售"的主页面，在"工单NO"栏中输入估算单中的工单号，点击"检索键"。然后点击页面下方的结算清单键就可以生成结算明细单（图3-50）。打印结算清单后交予客户，客户使用结算清单付款。

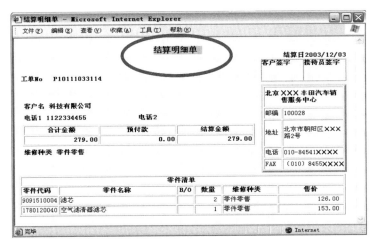

图3-50　结算明细单

客户付款完毕后，零件仓库管理人员需要从相应货架上将零件取下（图3-51），交付客户。在将零件交付客户时，要注意再次核对配件相应信息，避免错发，核对信息主要包括客户需求配件型号、电脑系统记录型号和配件包装的零件号等。

第三章　汽车配件出入库管理

图 3-51　发料和领料台

在配件出入库操作中，为了把 5S 管理做到实处，每个环节都应整洁有序，按照规范的流程操作，细致、细心，严守岗位职责，这样才能最大限度地减少错误的出现。

 拓展学习

 汽车配件检验方法之磁力探伤检验

　　磁力探伤的原理是：用磁力探伤仪将零件磁化，即使磁力线通过被检测的零件，如果表面有裂纹，在裂纹部位磁力线会偏移或中断而形成磁极，建立自身的磁场。若在零件表面撒上颗粒很细的铁粉，铁粉即被磁化并附在裂纹处，从而显现出裂纹的位置和大小。进行磁力探伤时，必须使磁力线垂直通过裂纹，否则裂纹便不会被发现。磁力探伤采用的铁粉，一般为 $2\sim5\mu m$ 的氧化铁粉末，铁粉可以干用，但通常采用氧化铁粉液，即在 1L 变压器油或低黏度机油掺煤油中，加入 $20\sim30g$ 氧化铁粉。零件经磁力探伤后会留下一部分剩磁，必须彻底退掉。否则，在使用中会吸附铁屑，加速零件磨损。采用直流电磁化的零件，只要将电流方向改变并逐渐减小到零，即可退磁。磁力探伤只能检验钢铁件裂纹等缺陷的部位和大小，检验不出深度。此外，由于有色金属件、硬质合金件等不受磁化，故不能应用磁力探伤。

 什么是"四号定位"和"五五堆码法"

　　目前，汽车公司普遍采用的堆码方式为"四号定位"和"五五堆码法"。

（1）"四号定位"是仓库货位管理的一种有效方法，即用4个号码确定一个货位。这4个号码是库号（库房或货区代号）、架号（货架或货垛代号）、层号（货架或货垛层次代号）和位号（层内货位代号）。

（2）"五五堆码"是指库存物资堆码时以"五"为基本计量单位的物资堆码法。在摆放时，根据物资的不同特点，力求按照材料的不同形状、体积、质量，分类以5、10或其倍数堆码，大的五五成方，高的五五成行，矮的五五成堆，小的五五成包（捆），带孔的五五成串或者根据因地制宜的原则堆码；要求达到横看成行，竖看成线，左右对齐；过目成数，整齐美观，并且各种材料必须有醒目的标识牌。

? 我思我想

素材一：细节决定成败

外国有一个民间传说是这样的：丢失了一个钉子，坏了一只铁蹄；坏了一只铁蹄，折了一匹战马；折了一匹战马，伤了一位骑士；伤了一位骑士，输了一场战斗；输了一场战斗，亡了一个帝国。

中国也有"失之毫厘，差之千里"的成语。

海尔集团总裁张瑞敏说过：把简单的事情做好就是不简单，把平凡的事做好就是不平凡。

延伸讨论：汽车配件出入库管理岗位的工作似乎简单、重复，甚至是枯燥无味，那么，如何做到不简单、不平凡？

素材二：千里之堤，溃于蚁穴

"千丈之堤，以蝼蚁之穴溃；百尺之室，以突隙之烟焚。"出自先秦韩非的《韩非子·喻老》。

延伸讨论：在出入库管理中如何防止粗心、大意，避免差错？

学习评价

一、基础知识

1．汽车配件出入库管理主要包括哪些环节？

2．对到货配件的验收包括哪些方面？如何进行？

3．对验收不合格的配件该如何处理？

4．如何减少验收不良的情况出现？

5．配件验收要检查及填写哪些单据？

6. 配件入库要遵循什么流程?

7. 配件入库时在堆码时有什么要求?

8. 配件出库的具体步骤有哪些?

9. 出库过程中可能遇到些什么样的问题?分别如何应对?

10. 为什么维修车间领料和直接销售采用不同的系统?

11. 为什么要确保配件先入库再出库?

二、能力考核

能力考核表见表3-7。

能力考核表　　　　　　　　　　　表3-7

序号	考核内容	配分	评分标准	考核记录	扣分	得分
1	验收过程	20分	配件验收准备、过程操作,单据填写及注意事项。错误一项扣5分			
2	验收结果处理	10分	合格配件处理,不合格配件处理。错误一项扣5分			
3	配件入库	20分	入库堆码,资料录入。错误一项扣5分			
4	配件出库	20分	出库步骤,系统运用,操作规范,财务核算。错误一项扣5分			
5	安全	10分	操作安全事项。错误一项扣5分			
6	5S管理	10分	错误一项扣5分			
7	沟通表达	10分	错误一项扣5分			
8	分数统计	100分				

第四章

汽车配件库存管理

学习目标

通过本章的学习,你应能:

1. 叙述 5S 管理的含义,5S 管理对工作人员的要求以及考评标准;
2. 知道仓库日常管理要求;
3. 根据配件出入库记录对动态变化库存配件完成日常盘点作业;根据配件清单对配件仓库完成定期盘点作业;
4. 能够分析盘亏、盘盈的原因并对结果做出正确的处理,能正确识别呆滞配件,并提出正确的处理方案;
5. 通过库存管理,养成严谨、细致、认真的工作态度。

建议学时

10 学时。

工作情景描述

某配件人员对前一天的配件出入库情况进行核实,打印该天配件出入库记录,汇总并依据盘点表进行账实盘存,对账实不符的情况查找原因并进行处理。打印定期盘点表,并按照定期盘点的要求对仓库内的配件进行盘存,一是核实账物是否相符,二是对呆滞配件进行相应处理。

学习引导

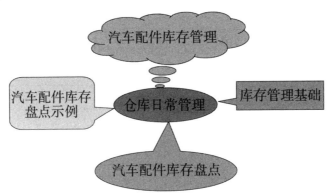

第一节 库存管理基础知识

为了更科学地进行库存管理,也为了有一个安全、高效、高品质、人际和谐、精神状态朝气蓬勃的工作环境,同时使企业能够实现降低成本、提高配件供应率、降低损耗,最终实现提高顾客满意度的目的,配件仓库应实现5S管理。

推行5S管理,不仅能改善生产环境、提升产品品质,更重要的是能改善员工精神面貌,培养和吸引一流的人才,缔造一流的企业。一个企业或部门没有正常执行5S管理,就没有好的业绩或者没有好的精神面貌。

配件部门除了要做好前面提到的订货管理、出入库管理之外,还应该进行科学的库存管理,其中包括5S管理和日常管理。

 5S 管理的含义

5S 是指整理(SEIRI)、整顿(SEITON)、清扫(SEISO)、清洁(SEIKETSU)、素养(SHITSUKE),因日语的拼音均以"S"开头,英语也是以"S"开头,所以简称5S,如图4-1所示。

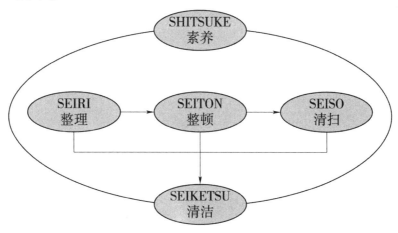

图 4-1 5S 的含义

5S 的概念起源于日本,通过规范场地、物、人,营造良好的工作环境,培养员工良好的工作习惯,其最终目的是提升人的品质和工作效率。

1. 整理

定义:将工作场所任何物品区分为有必要的与不必要的,把必要的物品与不必要的物品明确地、严格地区分开来,不必要的物品要尽快处理掉。

目的:腾出空间,空间活用,防止误用、误送,打造清爽的工作场所。

整理过程中经常有一些残余物料、待修品、待返品、报废品等滞留在现场,既占据了地方又阻碍生产,包括一些已无法使用的工夹具、量具、机器设备,如果不及时清除,会使现场变得凌乱。

仓库摆放不必要的物品是一种浪费,即使是宽敞的工作场所,也会因为乱堆乱放而变得狭小。货架被杂物占据会减小使用价值,也会增加寻找工具、配件等物品的困难,同时还浪费时间。物品杂乱无章地摆放,会增加盘点的难度,使成本核算失准,因此必须进行经常性的整理。

2. 整顿

定义:把整理后留下的物品依规定定位、定方法摆放整齐,明确数量,明确标示。

目的:经过整顿后,留下的物品安置在能发挥作用的场所,使现场管理处于稳定、有序状态。

3. 清扫

定义:将工作场所内所有的地方清扫干净,包括工作时产生的灰尘、油泥,工作时使用的仪器、设备和材料等。

目的:消除脏污,保持工作场所的环境卫生。

4. 清洁

定义:经常性地做整理、整顿、清扫工作,即将整理、整顿、清扫实施的做法制度化、规范化,维持其成果。

目的:通过制度化来维持成果。

5. 素养

定义:通过晨会等手段,提高全员文明礼貌水准,培养每位员工养成良好的习惯,并遵守规章制度做事。

目的:培养具有好习惯、遵守规则的员工,提高员工文明礼貌水准,营造和谐的团体精神。

开展5S管理容易,但长时间的坚持必须靠素养的提升。

(二) 5S管理对工作人员的要求

配件仓库人员应该按照5S管理的要求规范日常工作,养成良好的工作习惯。

（1）自己的工作环境须不断地整理、整顿，物品、材料及资料不可乱放。

桌面及抽屉定时清理，非立即需要或过期（如3天以上）的资料或物品应入柜管理或废弃。物品、工具及文件等要放置于规定场所。茶杯、私人用品及衣物等按指定位置摆放。资料、维护卡、点检表定期记录应定位放置。个人离开工作岗位前，物品应整齐放置。

（2）对工作场所进行划分，并加注场所名称。

划定位置摆放不合格品、破损品及使用频率低的物品。

（3）通路必须经常维持清洁和畅通。

消耗品（如抹布、手套、扫把等）定位摆放，定量管理。

（4）下班前应该打扫、收拾。

扫除垃圾、纸屑、烟蒂、塑胶袋、抹布，清理擦拭设备、工作台、门、窗之后才下班。

（5）灭火器、配电盘、开关箱、电动机、冷气机等机器周围要时刻保持清洁。

（6）物品、设备要仔细摆放、正确摆放、安全摆放，较大、较重的摆放在下层。

（7）保管的工具、设备及所负责的责任区要整理。

（8）如沾有油的抹布等易燃物品，定位摆放，尽可能隔离。

（9）使用公物时，能正确归位，并保持清洁（如办公设备等）。

（10）遵守作息时间（不迟到、不早退、不无故缺席），工作态度良好（无谈天、说笑、离开工作岗位、呆坐、看小说、打瞌睡、吃东西等现象）。

（11）注意上级的指示，并加以配合，遵照企业的规章制度做事，不违反企业规章制度。

配件仓库5S管理要求及考评标准

1. 配件仓库5S管理要求

配件仓库5S管理要求对仓库内货架进行正确的标识，对配件进行整齐的摆放，对不同类别的配件归类摆放，并对整个配件仓库进行清洁和整顿。

1）仓库内不要堆放多余的物料

（1）物料存放在规定的存放区域。

（2）对仓库内的物料进行控制。

（3）物料应有标识。

(4)物料应该存放在一个安全的地点。

(5)对报废的物料应该进行控制,报废的配件不应与合格的配件混在一起。

(6)物料不应堆放在过道上。

2)各种物料应有明确标识

(1)所有物料应有固定的存放区域和标识。

(2)状态不清的和报废的配件存放在生产线的边上并与合格品分离,特别进行标识。

(3)物料存放在安全的地方。

(4)没有手套、废纸和旧标识等垃圾混杂在物料中。

3)按照不同材料进行存放

(1)多余的物料存放在远离生产线的地方,原材料区标识清晰。

(2)所有的油脂、气体等化学物品的警示说明悬挂在使用地点易被看到的地方。

(3)所有的物料都有明确的标识。

(4)所有的货架上都有物料标识。

(5)在过道上不应有物料。

4)合理进行物料管理

(1)物料总是存放在合理的位置,标识放在能看到的一面。

(2)物料存放在可回收的周转箱内。

(3)如果采用了看板管理,员工应能正确地使用看板卡进行生产和送料。

2. 5S管理考评标准

为了让配件部门更好地进行5S管理,在此制订仓库5S管理评分表,见表4-1。

仓库5S管理评分表(评分标准为90分合格)　　　　表4-1

检查日期:　　　　　　　　　　　　　　　　检查人:

项目	考核内容	所占分值	得分
1	仓库如发现不用的物料或报废的物料,应及时与相关部门沟通,及时清理,并做好状态标识	4分	
2	把长期不用但具有可用价值的物料,按指定区域定点防护存放,并标识好物品属性、存放日期、最长使用期限,必要时申请工程技术人员进行实物判定确认,清盘时应再次做好防护处理	4分	

续上表

项目	考核内容	所占分值	得分
3	物料、物品、成品要按指定区域分类规划,放置时要做到安全、整齐、美观并呈水平直角摆放,并要有标识和品质状态	7分	
4	物料、物品要做到账、物、卡三物一致	10分	
5	区域通道和消防通道要保持畅通无阻,不脏乱,区域识别油漆线则根据实际损毁情况(应在油漆脱落辨别不清时)进行重复画线以便区域识别;通道用绿色,物品放置区用黄色,不良品区用红色油漆	8分	
6	部门设备要自行清洁、维护,对共用设备、载具由部门负责人安排清洁、维护,需维修时应填写维修标识卡,并填写好时间、报修人、部门等内容	5分	
7	物料架和物料要摆放整齐,各区域负责人必须负责管理好区域内的物品,防护清洁整理工作,并且要保护好状态标识	4分	
8	地面、墙面、楼梯、办公桌椅、电气设备等要保持畅通无阻,任何情况下都不准堵塞电闸与消火栓	6分	
9	仓库通风要好,保持干燥清爽的环境,灯具、安全网、电梯、风扇、窗户等设备以及卫生死角各区域负责人要随时清扫,禁带火种入库,出现故障要及时报修	8分	
10	仓库区域物品要做好各种安全防护措施,防护雨布不用时要折叠保管,定点存放,对非人为破坏的雨布及其他防护用品确实不能修复的应做报废处理,在报废前由管理部门对实物进行检查核实	6分	
11	物品卸载时要轻拿轻放,对超重物品或带有毒性的物品不准单人运载,装卸完物品后要及时清扫现场,将落于地面的物品和垃圾及时清理完,各类搬运载具在空置时要成水平直角摆放在指定区域	6分	
12	不准随意踩、坐物品及运输载具,为搬运人员设置指定休息区域,同时规划好个人物品、饮具,统一存放于一处,环境要保持整洁、美观,人离开时休息区要恢复原状	6分	

续上表

项目	考核内容	所占分值	得分
13	仓库主管或班(组)长每月要在上、中、下旬3个时间段内自行安排下属员工学习5S管理知识,并将学习记录交由管理部门5S管理工作组负责人,5S管理工作组根据学习内容与学员签到情况进行评分	8分	
14	办公室有效文件、资料、相关记录和其他物品,要分类规划,作定点防护存放,在使用过程中,文件资料记录要做好保管措施(例如包装、捆扎等),尽量避免肮脏、破烂,以便于查找、保存	6分	
15	桌椅要摆放整齐,办公区、地面、墙面应清洁干净,抽屉内要整洁不杂乱,人行通道要保持畅通无阻,电气设备要做好安全防护措施,不准在办公室内抽烟	4分	
16	仓库工作人员应避免在工作时与交接人员发生争吵,不能自行处理的事情,应立即请求部门负责人协助处理解决,要使用文明用语,使用电话礼仪	4分	
17	不准在仓库打瞌睡、吃零食、看小说、串岗、聚集聊天、追逐嬉戏打架、骂人,着装要整洁、待人礼貌、使用文明用语,掌握电话礼仪。工作要主动、热情,有强烈的时间观念	4分	
总分			

第二节　仓库日常管理

（一）仓库管理员岗位基本职责

仓库管理员日常工作职责是做好仓库配件的管理,对配件的质量进行验收,对仓库的安全工作进行定期检查,同时与配件部门其他人员及时沟通和协调工作。

仓库管理员的职责

（1）对库存管理工作严格按照仓库保管七原则及5S管理要求实施。

（2）掌握查询该品牌车型的配件编码体系的方法。

(3)掌握查询该品牌新旧车型配件的应用知识。

(4)接到配件的货单后,一定要严格按照该品牌的接货程序进行验收与收货。

(5)对于预留的配件,仓库管理员必须合理地安排好预留货位,同时立即填写好到货通知书,及时提交给发货员,以便及时通知维修前台进行配件领取。

(6)到货通知书必须由订货人员(配件部发货员)确认签字后,一联由配件部发货员提交给维修前台,另一联由仓库管理员贴在预留货位上进行标示。

(7)认真做好库房内防火、防水工作,及时发现隐患,及时报告。

(8)如遇到休息与休假时,应把遗留或未完成的工作书面交接给代工的同事。

(9)在日常工作中,必须与配件部各岗位人员及时沟通,并协调各部门做好工作。

仓库日常管理要求

1. 配件仓库日常管理原则

配件仓库的日常管理可以提高配件的供应率,同时降低损耗,因此科学的日常管理尤为重要。配件仓库日常管理应该遵循下列原则。

(1)仓库管理员必须保证仓库整洁、有序、通道畅通,并负责配件的验收、保管、发放及盘点工作,如图4-2所示。

(2)对每天的入库状态进行复核,从系统中下载每天入库明细表,核对每笔入库,对于错误入库的配件及精品应及时上报配件部主管说明问题所在,并立即进行纠正处理,如图4-3所示。

安全管理事项

(3)对到货的配件进行检查时,如发现数量与随货清单不相符,应及时向配件计划员说明,并向供应商反馈。如发现入库配件有质量问题,应及时按程序向供应商索赔。

(4)每天必须进行动态盘点,及时将仓库待料情况反馈至配件计划员,减少配件的待料时间,提高配件的供应率。

(5)每天对配件库存区域、收发货区域进行检查,及时进行合理的调整,对于预留的配件给予合理的货位,预留在配件架上的配件每周清理一次。对于时间超过半个月的预留件,应及时编制好存放货位,调整摆放于货架上,并做好登记及标示工作。

a) 常用件摆放整齐

b) 外观件摆放整齐

c) 排气管摆放整齐

d) 货架摆放整齐

图 4-2　保持仓库整洁有序

（6）必须做好日常盘点跟进工作及定期盘点工作，并对库存进行分析，如对超出异常的配件，应及时通报给配件部主管。

（7）必须按照要求把库存配件分类存放，标识清楚、摆放整齐、便于搬运，如图 4-4 所示。

图 4-3　核对配件并记录

图 4-4　分类摆放标识清楚

（8）每种配件须确定其安全库存量，并根据实际库存情况及时进行采购。安全库存量每年至少要重新评估一次，以满足公司发展和市场变化的要求。

（9）做好仓库的防漏、防潮检查，如发现仓库漏雨，应及时报部门领导并通知相关部门处理。

（10）配件进出库时，配件员应及时将相应的数据输入电脑，做到数据库、物、号相符。

（11）验收不合格的配件禁止办理入库手续，由采购员立即通知供应商做退货处理，不能及时处理的退货，由仓库管理员存放于指定的地点并做好标识。

（12）保持仓库环境清洁卫生。

（13）保持仓库及四周水电设施、消防器材完好。

（14）做好仓库的防漏、防潮，如发现仓库漏雨，应及时报部门领导并通知相关部门处理。

（15）验收合格的配件，验收人员签字后由仓库管理员在物料包装上注明配件的入库日期后搬入仓库分类上架。

（16）对于预约服务订购的配件，须按客户分类存放于预约服务备品专柜，并标明客户姓名。

（17）对每天订单上的每一项B/O配件（包括S/O、E/O、VOR、F/O的在途配件）进行全方位的跟踪，将相应配件到货状态及时反映在B/O看板上，让所有的配件部同事及时了解所有B/O配件的状态。

（18）常用配件应放置在靠近仓库的发料处。

（19）配件存放形式需科学合理、便于发放，并保持包装完好。

（20）所有配件均按大类分组摆放，并必须标有配件号。对库存配件遵循先进先出的原则，以保证配件仓库处于良性循环。

（21）经过变更的新配件要与未变更的旧配件分开存放，并按先进先出的原则处理。

（22）配件仓库中油漆和易燃物必须有专门的存放区域，与其他配件隔离。

（23）按照5S管理的要求进行仓库管理。

2. 配件仓库摆放要求

（1）常用配件放在最靠近主通道的地方。

（2）常用配件放在最易存取的地方（货架中间层）。

（3）重的配件放在下层，轻的配件放在上层。

（4）同种配件要放在一个货盒内，一种配件只能有一个货位号。

（5）同种配件要尽量堆集，留出空间存放新车型配件。

（6）堆货时配件标签向外，字码要向上。

（7）无法把配件标签向外的，在外包装朝外方向写上配件编号。

(8) 不能平放的配件要竖着放,如:车门、发动机舱盖等。

(9) 通道上绝对不能堆放配件,如图 4-5 所示。

图 4-5　配件杂乱无章地堆放在通道上

(10) 易燃品(如机油等)要单独存放。

(11) 玻璃一定小心放置,摆放在不易被刮到的位置。

3. 配件部门管理考核指标

配件仓库每月均进行以上指标的考核,见表 4-2。评价中 OK 为合格,NG 为不合格,不合格的项目必须在后面的备注说明情况和原因。通过定期考核可以查找工作中的不足,加以改正。

某品牌配件部门管理考核评分表　　　　　　　　表 4-2

项目		序号	要点	评价	备注
安全 (配件 仓库)		1	不存在人或物品从高处跌落的安全隐患	OK/NG	
		2	所有的危险品都已经按照当地安全条例存放	OK/NG	
	整理	3	仓库里不存放没有需求的配件	OK/NG	
	整顿	4	不将配件或其他物品摆放在通道上	OK/NG	
		5	配件没有伸出货位之外	OK/NG	
		6	在灭火器、急救包和电源开关等工具周围保持干净,以方便使用这些工具	OK/NG	
	清扫	7	定期打扫仓库和维护设备	OK/NG	
	清洁	8	保持仓库整洁	OK/NG	
		9	员工制服干净整洁	OK/NG	
	维持	10	有制度规定对上述内容进行每天维护	OK/NG	
	保管 (七原则)	11	按产品类型存放(将种类和大小相似的配件存放在一起)	OK/NG	
		12	长型配件(如车身件和消声器)竖直存放	OK/NG	
		13	配件存放于手可达到的高度(以便安全、高效提取)	OK/NG	
		14	重物下置	OK/NG	
		15	一个配件号一个货位	OK/NG	
		16	当库存出现异常时,使用异常料位管理	OK/NG	
		17	快流件存放在方便出库的地方	OK/NG	

续上表

项目		序号	要　　点	评价	备注
特殊订货配件处理	货架	1	配件部为特殊订货配件设置专用货架	OK/NG	
	制度	2	在专用货架上,设立了对配件按照预约日期进行区分的制度(清楚标识出第二天的预约客户必需的配件)	OK/NG	
		3	在专用货架上,按照客户对配件进行分类,并分别存放	OK/NG	
		4	在专用货架上,标注清楚区分没有预约的配件,并按施工单对每个B/O配件的到货状态进行管理	OK/NG	
	与服务部的合作	5	在没有确定预约日期,而所有修理所需的特殊订货配件都已到货的情况下,配件部要立即通知服务部该配件的到货情况	OK/NG	
		6	同时,配件部要求服务部(服务顾问)预约客户后,要及时告诉配件部相应的预约时间	OK/NG	
		7	如果服务顾问没有立即将预约时间通知配件部,配件部是否主动对服务部进行跟进以确认预约时间(对滞留配件进行异常管理)	OK/NG	
	对失约的预防和处理	8	是否设置了货架,以存放那些未按预约时间到店修理的客户所需要的配件	OK/NG	
		9	是否有标识按施工单管理那些未按预约时间到店修理的客户所需要的配件	OK/NG	
		10	配件部跟踪服务,对不能按照预约时间到店修理的客户进行跟进,并确保得到服务部门关于客户更改预约时间或取消预约(如:不再需要配件)的通知	OK/NG	
		11	如果总代理商和经销商之间有回收政策,货架上对因客户未进场而未领取的配件有明确的回收期限	OK/NG	
		12	如果配件因为客户不能按照预约时间到店修理而未被使用,有回收政策时,配件按照设定的回收期限被回收;无回收政策时,配件根据经销店的标准处理(如报废)	OK/NG	

三、库存配件的日常维护

汽车配件的存储必须根据不同的材料、结构形态和质量以及技术性能等多方面的要求,提出不同的存储条件;为了汽车配件存储安全,避免存储期间发生配件霉变、失准、变形、破碎等损失,必须采取相应措施,安全存储。做好保管工作,不仅要求保管过程中配件的品名、规格、数量账实相符,而且更应保证其使用质量不受损坏。一旦发现库存配件异常,必须及时报告,以便采取维护措施,尽早和尽可能地挽回产品在保质期内的损失。

1. 汽车配件锈蚀霉变损伤机理

通过了解导致零件锈蚀霉变的机理,以便于采用对应维护措施,避免和减少零件损伤、锈蚀。除产品质量和包装等因素外,使汽车配件产生锈蚀霉变的原因还可能是不良的仓库环境,具体主要有以下几点。

(1) 温度。有些零件对温度比较敏感,容易受温度的影响,温度过高或太低都会引起质量变化,影响使用效果。如橡胶制品在高温下会熔化变形,强度下降,低温下会变硬变脆,失去弹性;金属制品表面保护层(油或蜡)遇高温会使油脂溶化挥发而干涸,蜡遇到高温熔化,金属表面丧失保护层而被氧化锈蚀;塑料制品在低温下容易老化变脆,失去密封性;精密仪器等长期处于高温或低温下,零件变形误差大。

(2) 湿度。湿度过大,金属零件表面容易被氧化锈蚀,仪表、电器内零件容易被氧化锈蚀而丧失灵敏性。

(3) 空气。空气中含有大量水蒸气、氧气,会使金属氧化生锈,腐蚀性气体腐蚀了金属零件的表面,加速锈蚀的进度,造成零件早期磨损。

(4) 日光和雨淋。如果阳光强烈,照射时间过长,会使配件表面温度升高,易使配件发生变形,如橡胶制品、塑料制品发生老化龟裂;此外,日晒雨淋最容易使零件氧化锈蚀,老化变脆,使绝缘性变差。

(5) 灰尘杂质。灰尘杂质会加剧金属配件锈蚀,并使电器元件绝缘性变坏,影响仪器、仪表精密度和灵敏度。

(6) 虫害。各种蛀虫、白蚁、鼠类会咬坏绝缘包线,使线路短路、失效。

(7) 锈蚀与磕碰伤。配件的锈蚀与磕碰伤在储存中经常发生,对于有精加工配合工作的配件,如气门、转向节主销、活塞销等,当出现轻微锈蚀和磕碰伤时,可用机械抛光,汽油或煤油擦或用00号砂纸打磨予以去锈和消除痕迹,然后擦油防护;锈蚀严重,即使除锈仍未能使用,只能作报废处理。

(8)有些配件在出厂前已锈蚀,生产厂不经除锈就涂漆或涂防锈脂,还有些配件的铸锻毛坯面,因轻砂或处理不净还残留残渣或氧化皮,虽经涂漆,但锈蚀仍在油漆下面,使油漆脱落,因此,还必须彻底将锈层、油漆层清除干净后,重新涂漆。属于厂方责任的,应及时向厂方索赔处理或拒收入库。

(9)电器仪表配件往往因振动、受潮使绝缘介电性能受到破坏,触点氧化,气隙变动,接触电阻增大,造成工作性能失控。其处理方法为进行烘干、擦洗和校验以恢复其原有的工作性能。

(10)蓄电池和蓄电池极板往往由于包装不良而受潮或储存期过长,使极板硫化变质而报废。橡胶制品和塑料制品因储存时间太长,或受温度影响(高温或低温)大而老化、发胀、变形、变脆,软木纸干裂或霉变及石棉制品裂损和玻璃制品破碎,都无法进行维护,只能作报废处理。

2.汽车配件维护方法和措施

(1)化学除锈法。用化学的方法把锈层溶解掉。化学除锈的一般工艺为:除油→热化学→冷水洗→除锈→冷水洗→中和→流动水洗→钝化→干燥→油封防锈。

(2)机械除锈法。用机械将锈层除掉,一般用浸有机油或煤油的细氧化铁砂布打磨或用机械抛光后清洗,涂防锈脂。除锈要看配件的紧缺程度,配件本身性能和除锈成本确定,若为滞销配件,或经过除锈破坏了配件原有的性能,或除锈成本太高不宜进行除锈的,应作报废处理。

(3)安排适当库房和货位。各种配件性能不同,对储存保管要求条件不同,所以其应把不同类型、不同性质的配件分别放在适当的库房和货位上。

(4)配件加垫。汽车配件大多是金属制品,属于易潮物质,一般都应加垫。

(5)加强仓库内温度、湿度控制,可采取自然通风、机械通风和使用防潮剂。

(6)严格执行配件先进先出的原则,尽量减少配件在库时间,使库存不断更新。

(7)建立配件维护制度,对库存配件进行必要的维护。

(8)搞好环境卫生,减少灰尘杂质污染和防止虫害滋生。

汽车配件在长期储存中,因温度、湿度及污染气体的作用,或因超储备,包装、储存及保管不善等,会使配件锈蚀、霉变、变形、破损等,因此,必须对储存保管的配件进行定期检查,及时发现问题,及时采取相应的维护措施,以挽回损失。如有些配件发生了质的变化,如锈死或变形,无法补救的,只能作报废处理。

第三节 汽车配件库存盘点

一 库存盘点的含义

盘点是每个配件仓库每日都需进行的业务之一。配件的库存数是否与系统的数量一致,每日的流动部分是否正确地得到了统计,都直接关系到各网点的利益。

配件盘点的内容包括:盘存配件的数量、盘存货位、核对账与实物、核对账与账。

二 库存盘点的分类

库存盘点一般分为日常盘点(一次/每日)及定期盘点(一次/半年或一年)。日常盘点在不同的品牌配件部门也称为动态盘点或永续盘点,主要是针对每天出入库的配件进行盘点,核实账物是否相符,优点是能够及时发现问题,并进行相应的更正。

定期盘点也称实地盘点或者月盘,进行定期盘点的时间间隔由各配件部门根据自身的情况确定。定期盘点的作用是进行所有类别配件的数量盘点,并进行配件质量检查与修整,及时处理呆滞配件,并核对账与实物、核对账与账,如图4-6所示。

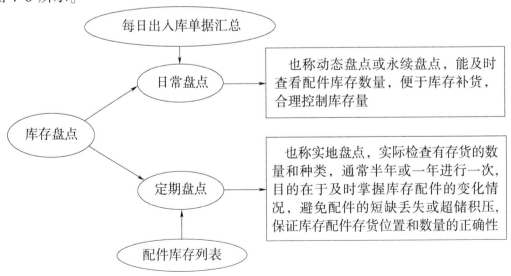

图4-6 日常盘点和定期盘点的目的

三、盘点的工作流程

一般情况下，日常盘点每天进行，所以盘点对象以每日有过出入库记录的配件为主，如图 4-7 所示。

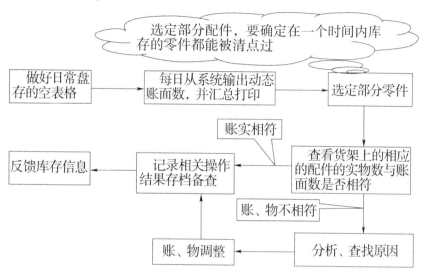

图 4-7　日常盘点的步骤

定期盘点是在一段时间内定期对仓库内的配件进行盘点，是对配件进行质量和数量的盘点，其步骤如图 4-8 所示。

盘点方法

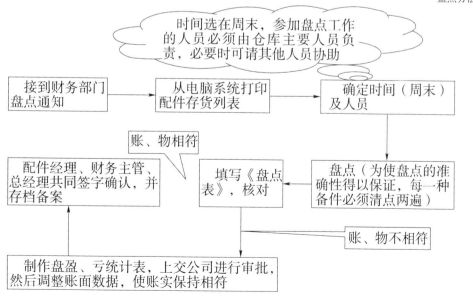

图 4-8　定期盘点的步骤

1）盘点前准备

为了及时掌握库存配件的变化情况，避免配件的短缺丢失或超储积压，保证配件库存存货位置和数量的正确性，仓库管理员必须定期对配件库存进行盘点。

盘点前充分准备、合理筹划是非常必要的。盘点准备主要是成立盘点工作组，制订盘点方案，确定盘点范围、盘点方式、盘点日程表等工作安排。要召开动员会，必要时先对盘点人员进行培训，各盘点小组负责人、仓库管理员、盘点人员组织各自的碰头会，以明确工作安排，盘点物料位置、人员分工等，确保盘点工作务实高效。

盘点前，物料要先整理归类，放置在同一区域，盘点用的报表、表格、卡片、手叉车、堆高机、人字梯也要事先准备好。以年终定期盘点为例，采购员通知供应商物料要么提前送到，要么推迟再送，不良品在盘点前须退回供应商。如图4-9所示，利用在途配件查询，演示查询已订货、未入库的配件信息。

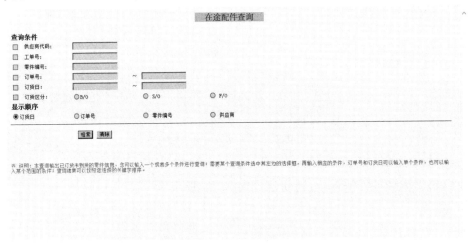

图4-9　在途配件查询

查询时可以选择不同的条件进行检索。可以进行检索的条件共4项：供应商代码、配件号、订单号、订货日。检索条件输入结束后，点击“检索键”，系统会根据检索条件生成在途配件清单，如图4-10所示。

在途配件查询

销售店代码 41982

订单号	项目序号	零件编号	零件名称	供应商	订货区分	订货日	供应商下载日时	发货日	发货单号	发货数量	在途数量	替代标志
F1070701	1	0888084050	SP/SN 0W-20纯牌机油（4L）<6个/箱>	APC03	F/O	2021/07/07 13:58'57	2021/07/07 14:34'11	2021/07/08	F001S5G	36	36	
F1101701	2	0400039247	NR燃油泵衬垫组件	APC03	F/O	2021/10/17 10:49'29	2021/10/17 13:49'09				1	
F1101701	1	0400037247	NR燃油泵分总成	APC03	F/O	2021/10/17 10:49'29	2021/10/17 13:49'09				1	
F1103001	2	0400039247	NR燃油泵衬垫组件	APC03	F/O	2021/10/30 13:24'00	2021/10/30 16:36'40				1	
F1103001	1	0400037247	NR燃油泵分总成	APC03	F/O	2021/10/30 13:24'00	2021/10/30 16:36'40				1	
F1111602	2	0400980447	衬垫套件	APC03	F/O	2021/11/16 14:47'49	2021/11/16 16:03'01				2	
F1111602	1	0400986125	燃油泵套	APC03	F/O	2021/11/16 14:47'49	2021/11/16 16:03'01				2	
F1112201	1	0400037247	NR燃油泵分总成	APC03	F/O	2021/11/22 11:07'59	2021/11/22 13:29'12				1	
F1112201	2	0400039247	NR燃油泵衬垫组件	APC03	F/O	2021/11/22 11:07'59	2021/11/22 13:29'12				1	
F1112501	1	0922400012	检测工具	APC03	F/O	2021/11/25 12:51'19	2021/11/25 13:28'08				1	
F1112501	2	0961112010	装拆工具	APC03	F/O	2021/11/25 12:51'19	2021/11/25 13:28'08				1	
F1112501	8	0921476011	装拆工具	APC03	F/O	2021/11/25 12:51'20	2021/11/25 13:28'08				1	

上一页　下一页

图4-10　在途配件清单

生产线或维修车间若存在借用工具或配件、未使用完的物料的情况,应查询车间借用物料登记表(表4-3),通知车间按退料手续退还仓库。若为成品,应立即办理入库,同时任何的借料、欠料都必须在盘点日期前处理完成。除了有些不易搬动的大宗物料外,车间库位清零。

车间借用物料登记表　　　　　　　　　　　　　　表4-3

借用物料名称	数量	借用事由	借用日期	借用人	物料归还情况	归还日期	经办人

2)盘点实施

盘点应由盘点总指挥统一部署,下设盘点小组、稽核小组、统计小组、保障小组等。4S店配件部门可酌情减少稽核小组与保障小组,而由盘点小组和统计小组组成。各盘点小组组长及对应仓库管理员负责分管货位区域的盘点,各部门部长到岗督促、协调盘点过程中的细节,盘点过程中遇到任何异常及时向盘点总指挥报告,这样从组织上保证盘点工作责任到人。稽核组在盘点结束后对盘点情况进行抽查,看盘点卡上的物料编码、库位、数量与真实环境是否相符,记录抽查的结果,并对差异大的物料要求重新盘点。统计小组则准确无误地将盘点卡上的物料编码、货位、数量统计到专用电子表格中。保障组除了后勤保障外,还要有品质人员及时对品质不明的物料判定处理结果,配件部门相关人员及时提供未入系统物料的新编码。

盘点物料时,最好一人盘点、一人核点,并且"盘点统计表"每小段应核对一次,无误者在该表上互相签名确认。若有出入,必须重新盘点。应将生产线物料与仓库物料区分开来。如有仓库物料存放于生产线,需要明确标示物料所属部门。对于盘点出的车间不良品应按退料手续办理退库,对于仓库不良品应办理供应商退货,并在退货后及时传递退料单到录单员手上,以便扣减供应商货款。盘点过程中如发现没有货位码的物料(如呆滞品、报废品),都集中到一个指定的地方并记录,以便仓库管理员判定给予物料编制货位码。某品牌4S店配件盘点工作流程见表4-4。

某品牌4S店配件盘点工作流程　　　　　　　表4-4

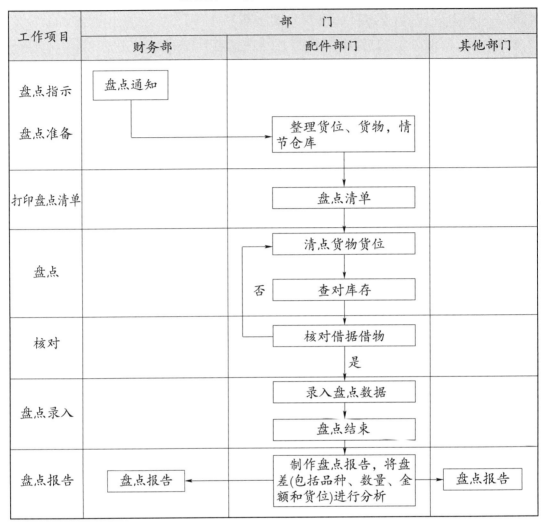

日常盘点时,注意了解所有订购人员的订单状态,同时,对所有的订单进行整理,对当天订单必须清晰明确地知道归属于哪一份待件的工单或是订购联系单。

图4-11　客户订购件单独存放

对未入电脑系统的货物,仓库管理员应及时建立库存账务,登记好每一次出入库情况。必须做好日常盘点跟进工作及定期盘点工作,并对库存进行分析,对超出异常的配件,应及时通报给配件部主管。对于客户订购的不入仓库库存的配件,应该存放于独立的客户订购配件货架上,如图4-11所示。进行日常盘点时,客户订购的配件必须盘点,并应分开盘点。

第四章 汽车配件库存管理

第四节 汽车配件库存盘点示例

 盘点步骤

不论是日常盘点还是定期盘点,都需要盘库的基本工具——盘库单,或称为盘点清单。进行盘点时,第一步是从系统中导出盘点清单,根据清单进行盘点。下面以丰田公司配件盘点的步骤为例进行说明。

(1)选择"配件"→"盘点一览"功能,如图4-12所示。

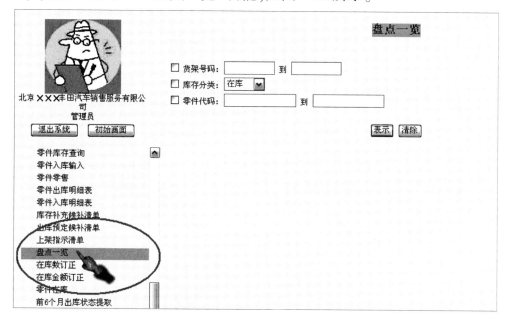

图4-12 选择"盘点一览"选项

(2)输入检索条件:进行定期盘点查询时,可以选择货架范围、库存种类(库存、非库存)及配件号这3项查询条件。输入查询条件后,点击"表示"键,可得出相应的库存一览表。

例如,查询配件号第一位为"0"的所有配件的库存情况,如图4-13所示。

(3)点击"表示"键后,即可调出盘点清单的页面,导出一览清单,仓库保管员可以核实配件编码是否为之前选择的查询条件,如图4-14所示。

(4)核实之后即可打印盘点一览清单,如图4-15所示。

(5)利用打印的盘点表进行定期盘点,因为定期盘点的工作量比较大,所以必须选择进厂维修车辆数较少的时间段进行(一般安排在周末),并尽量与配件部的人一起完成,否则不但时间长,还有可能因为进厂的车需要领取配件造成盘点过程出错。

图 4-13　选择按照配件号方式进行查询

货架号码	库存分类	厂家分类	零件代码	零件名称	单价	库存数量	借用数	库存金额	借用金额
A01-C1-01	在库	纯品	0446650110	后片	0.00	0	0	0	0
A01-C1-02	在库	纯品	0446632030	制动摩擦片(PAD)	0.00	0	0	0	0
A01-C1-10	在库	纯品	0449526150	制动摩擦片(SHOE)	222.80	1	0	222.8	0
A01-C1-12	在库	纯品	0449502080	制动摩擦片	189.80	1	0	189.8	0
A01-C2-05	在库	纯品	0446642030	制动摩擦片(PAD)	0.00	0	0	0	0
A01-C2-10	在库	纯品	0446632050	制动摩擦片(PAD)	0.00	0	0	0	0
A01-C3-06	在库	纯品	0446533150	制动摩擦片(PAD)	0.00	0	0	0	0
A01-C3-07	在库	纯品	0446550230	制动摩擦片(PAD)	0.00	0	0	0	0

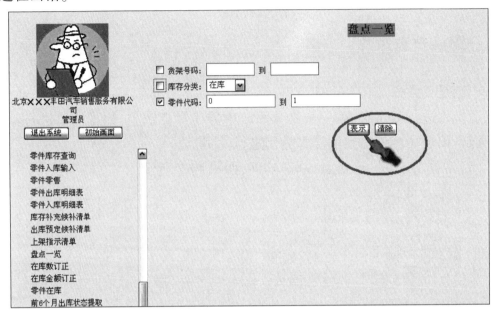

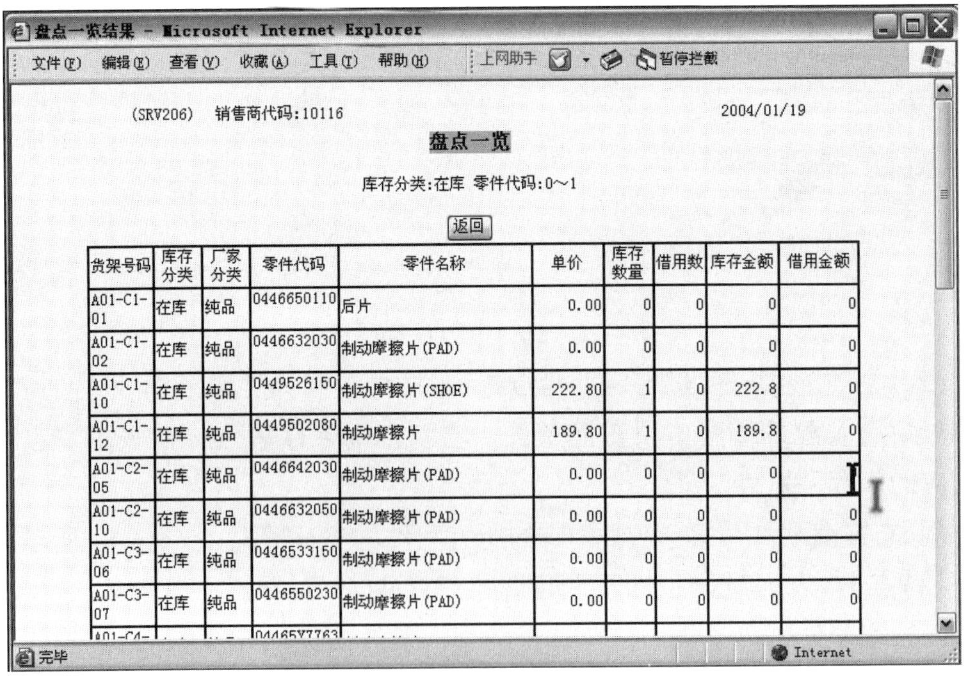

图 4-14　盘点清单一览

图 4-15 打印盘点清单

盘点工作注意事项

配件仓库日常盘点和定期盘点除按照上述步骤和要求进行外,还应该注意下列事项。

(1) 每天必须在上班时先进行动态盘点。

(2) 仓库管理员每天不少于两次巡视库存配件,发现丢失或被盗应及时上报。

(3) 盘点工作异常情况应对。如出勤异常,小组中如果出现人员未按时到位,应及时报告相关领导并通知储备人员到岗;又如进度异常,如果有小组盘点进度落后于计划,小组负责人应在第一时间报告相关领导,并及时采取措施,确保按期完成。

(4) 定期盘点工作的后勤保障。很多盘点都安排在节假日进行,参加盘点的人员不得请假,还应建立储备人员名单和联络方式,确保启用时及时到岗。另外,要安排好厂车、饭堂等后勤工作,其间做好工作人员的工薪发放方案。

(5) 盘点工作应注意安全。货架高层严禁人员攀爬,第二、三层上架前,确认梯子放牢后方可上架;高空作业一定要看准、走稳、慢慢移动;化学品的搬运,一定要轻拿轻放,严格按照化学品储运方式操作;金属类物品在搬运过程中,一定要戴上手套,切忌蛮力操作;玻璃类和塑料类物品一定要轻拿轻放等。

(6)未结订单对盘点的影响。有些企业在盘点前,先关闭未完工的生产订单,这样盘点比较简单。

(7)发现变质、损坏、不适用的配件,由仓库管理员列出清单,报仓库负责人和维修部现场审核、确认,提出报废申请,报公司领导批准。未报废之前,待报废品由仓库管理员单独存放,加"待报废"标识,并做好统计。

(8)盘点尽量在周末进行,以免影响正常业务。

(9)盘点工作必须在24h内完成。

(10)盘点的信息要及时反映在配件缺货/预订货看板上,以便合理控制库存量,如图4-16所示。

配件缺货/预订货看板

配件名称/编号	数量	是否预订	信息来源	广州库	重庆库	下订单日	备注
油泵	1	√	配件部	√		9.5	
前刹车片	1	√	配件部	√		9.5	

图4-16 配件缺货/预订货看板

第五节 盘点结果处理

盘点结果一般有账物相符、账物不符两种情况。账物相符即为仓库实际库存配件种类、数量与账面配件记录数量相符合。账物不符的情况又可以分为盘盈和盘亏两种。对于盘盈或盘亏的情况,都应该进行分析和处理。

1.账物不符

(1)配件库存盘点账物不符结果有两种。

①盘盈:仓库实际库存配件种类、数量多于账面配件记录数量。

②盘亏:仓库实际库存配件种类、数量少于账面配件记录数量。

(2)账物不符的原因及处理方法。

对于账物不符的情况,应查找原因,并针对不同的情况采取不同的解决方法,如图4-17所示。

盘点结果处理

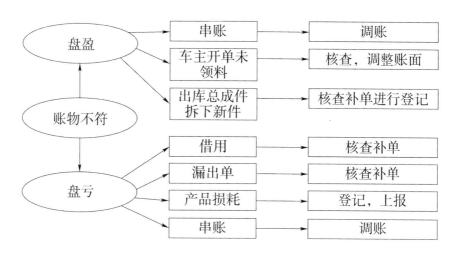

图 4-17 账物不符的原因和处理方法

2. 呆滞配件产生的判定及处理

1) 呆滞配件的定义

配件仓储的部分配件,当其库存时间超过一定时间而未能销售出库,这类配件称为呆滞配件。呆滞配件的出现是不可避免的,但过量的呆滞配件会造成配件部门资金积压,更严重的是配件无法出库而无法收回资金。

2) 呆滞配件产生的主要原因

呆滞配件的产生原因很多,如图 4-18 所示。但是不管什么原因,呆滞配件将影响资金的周转,所以应尽量避免。

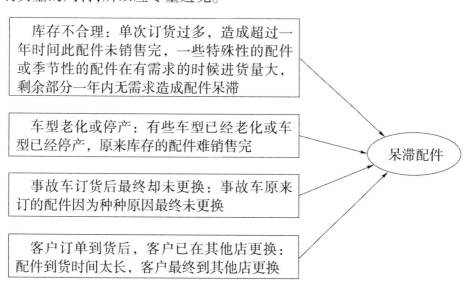

图 4-18 呆滞配件产生原因

3)呆滞配件的处理

对呆滞配件处理的主要原则是尽量减少因呆滞配件的过量出现而给企业带来经济损失。在选择处理方式时,应优先采用折价销售或向其他商家出售的方式,如图 4-19 所示。在某些 4S 店,若处理方式受限制,则按公司规定进行。

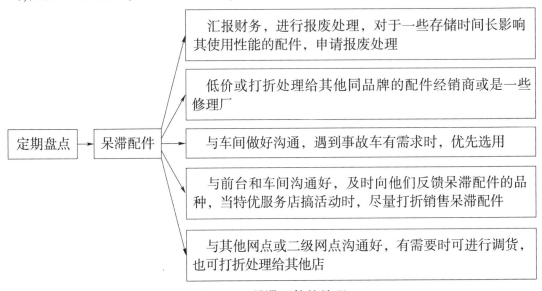

图 4-19　呆滞配件的处理

另外,配件部门应要求订货人员和仓库管理员进一步改善工作方法和提高责任心,通过建立奖罚制度来提高库存率和供应率,主要措施有如下方面。

(1)针对事故车订货后最终却未更换的情况。建立奖罚制度,提高事故车定损精度。

(2)针对客户订单到货后,客户已在其他店更换的情况。建立配件预订制度和流程。

(3)针对订货不科学造成库存不合理的情况。通过对前台及售后人员的全员培训,提高配件库存知识以及配件供应相关知识;通过奖励措施,提高配件供应率和订货的准确率。

(4)针对配件损坏的类型及养护处理方法。配件如长时间摆放或包装破损会造成老化,取放不小心也会造成配件的损坏。大多数汽车配件系金属制品,大量的存储质量问题表现为产品生锈和磕碰伤,少数表现为破损;橡胶制品则表现为橡胶老化和变形(失圆、翘曲)。铸件和玻璃制品表现为破损;毛毡制品表现为发霉虫蛀;电器配件表现为技术性能失准或失效。

下面分别简单介绍几种常见的汽车配件质量损坏类型及相应的养护处理方法。

(1)生锈和磕碰伤。大量的汽车配件生锈和磕碰伤常见于各种连接销和齿轮及轴类配件,如活塞销、转向节主销、气门、气门顶杆、推杆、摇臂轴、曲轴、凸轮轴等,往往发生在经过精加工的配合工作表面。对于此类汽车配件,程度轻微的可以用机械抛光或用砂纸轻轻打磨的办法去锈或消除磕碰伤,但必须重新涂油防护;严重影响使用质量的,有加大尺寸余量的可以磨小一级予以修正,但已经是标准尺寸或已经是最小维修尺寸的只能予以报废。

(2) 锈蚀。汽车配件的铸件毛坯表面往往由于清砂或清洗不净,有氧化皮层残留物或热处理残留物,虽经涂漆或封蜡,但在存储过程中仍然极易发生锈蚀,并导致大块剥蚀。对于这种情况,必须彻底加以清除和清洗干净,然后重新涂漆或油封。

(3) 电器仪表配件往往由于振动、受潮,产生绝缘导电强度遭到破坏、触点氧化、气隙变动、接触电阻增大等故障,致使工作性能失控或失准,对此必须进行烘干、擦洗(接触件)、调整并进行重新校验,以保证其工作性能可恢复到符合标准。某些电器仪表的锌合金构件,如发生氧化变质因而造成早期损坏,则必须进行修理、校准,严重的只能报废。

(4) 蓄电池和蓄电池正负极板往往由于包装不善或疏于防潮,短期内便造成极板的氧化发黄,较长时间则会造成极板的硫酸铅化,使其电化学性能明显下降,设备无法恢复,故在存储中必须十分注意防潮。

(5) 由铸铁或球墨铸铁制成的配件,如制动鼓、缸体、缸盖、汽缸套筒、起动机、发电机、发电机端盖等配件,往往在搬运中由于磕碰而造成破裂或缺损,除端盖可以更换外,其他均无法修复。

(6) 玻璃制品的破损、橡胶配件的老化、石棉制品的损伤缺裂都无法进行修补。盘点所用盘点表和盘点报告见表4-5和表4-6。

盘 点 表   表4-5

编制单位:											年 月 日	
配件名称	仓库货位号	计量单位	截至 月 日 账面数		截至 月 日 新增数		截至 月 日 减少数		截至 月 日 实际库存		盘盈(亏)	原因
			数量	金额	数量	金额	数量	金额	数量	金额	数量 金额	
									—	—		
									—	—		
									—	—		
									—	—		
合计									—	—		

续上表

操作要求:

1. 日常盘点时配件部门一般选择配件到货后的时间段进行盘点,盘点时应该针对发生动态变化的配件进行原账面数、新增数(该次到货数)、减少(出库)数、仓库实物数的统计。

2. 盘点时,选取的相同时间点的账面数、新增数、减少数和实际库存数,尽量不要在此期间发生新的出入库记录,或有产生则另外记录,盘点完再汇总。

3. 对盘盈(亏)的配件应说明原因。

4. 盘点结果汇总在盘点报告中

盘 点 报 告　　　　　　　　　　表4-6

编制单位:

日期: 　年　月　日

名称	编码	现库存			盘盈			盘亏			说明	负责人
		数量	单价	金额	数量	单价	金额	数量	单价	金额		
纯品配件												
汽车精品												
油液维护品												
工具类												

我思我想

素材一：世界上就怕"认真"二字

1957年11月17日，莫斯科大学，数千名中国留苏学生和实习生从四面八方来到这里，期盼毛主席的接见。当日下午6时许，当毛主席和邓小平、彭德怀、乌兰夫等领导人出现在莫斯科大学的大礼堂时，全场沸腾，欢声雷动。毛主席高兴地走到讲台的前沿和两端，频频向大家招手致意。毛主席一开始就对留学生们说："世界是你们的，也是我们的，但是归根结底是你们的。你们青年人朝气蓬勃，正在兴旺时期，好像早晨八九点钟的太阳。希望寄托在你们身上。"他还教导同学们说："青年人应具备两点精神，一是朝气蓬勃，二是谦虚谨慎。"在讲话中，毛主席纵论天下，旁征博引，提出了"世界上怕就怕'认真'二字，共产党就最讲'认真'"的名言。

延伸讨论：盘点工作中认真、细致的重要性。

素材二：孟信不卖病牛

古代有个叫孟信的人，他被罢免以后，家里很穷，甚至连吃的东西都没有了。一天，家里人趁孟信外出把家里仅有的一头病牛卖了，来换粮食。孟信回家后发现病牛被卖了，很生气，还去把病牛要了回来。他对买主说这是病牛，没什么用处了，这样的病牛不能卖给你。

延伸讨论：如何科学处理过期配件？

一、基础知识

1. 5S管理的含义是什么？
2. 配件仓库实施5S管理的要求是什么？
3. 仓库管理员岗位的基本职责是什么？
4. 配件仓库摆放的要求是什么？
5. 汽车配件的存储条件是什么？
6. 汽车配件库存盘点主要采取什么方式？
7. 为什么要进行库存盘点，目的是什么？各有什么作用？
8. 盘点结果出现账物不符应如何处理？
9. 对呆滞配件主要有哪些处理方案？

二、能力考核

能力考核表见表4-7。

能力考核表　　　　　　　　表4-7

序号	考核内容	配分	评分标准	考核记录	扣分	得分
1	配件的摆放	20分	配件摆放应遵循七原则。错误一项扣5分			
2	配件的存储	10分	不同材料配件存储应遵循的原则。错误一项扣5分			
3	配件盘点及对账物不符的情况查找原因	30分	打印盘点表，根据盘点表进行日常盘存和定期盘存，准确分析账物不符的原因。错误一项扣5分			
4	呆滞配件的处理	10分	分析呆滞配件产生的原因，并进行合理的处理。错误一项扣5分			
5	安全	10分	安全操作事项。错误一项扣5分			
6	5S管理	10分	错误一项扣5分			
7	沟通表达	10分	错误一项扣5分			
8	分数统计	100分				

第五章

汽车配件营销

 学习目标

通过本章的学习,你应能:
1. 叙述汽车配件销售的特点;
2. 知道当前汽车配件销售市场的状况;
3. 根据所在地域实际状况制订正确的销售策略;
4. 对汽车配件销售市场进行市场分析;
5. 懂得根据配件市场销售反馈信息制订相应的销售对策;
6. 懂得常用的财务常识;
7. 养成良好的职业素养和科学的工作方式,以及客观的分析能力;
8. 在汽车配件营销过程中,具备高度的责任感和敬业奉献的道德品质,不断更新营销理念,提高工作能力。

建议学时

8学时。

工作情景描述

根据你所在的区域,选择某一车型或某一档次的车型,针对其配件销售市场进行调查、分析,并制订出该车型具体的配件市场营销方案。

 学习引导

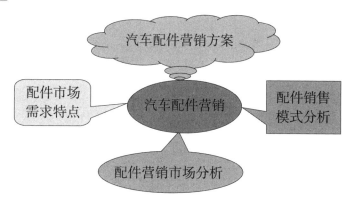

第一节 汽车商品营销基础

一 汽车商品销售概论

随着国民经济的发展,汽车已经成为人们生活中不可缺少的日常使用工具,汽车越来越多地进入普通家庭,无论在整车销售还是汽车配件销售,都形成了一个巨大且仍在不断扩大的经济市场。

汽车商品销售可以分为两大类,一类是整车销售,一类是汽车配件销售。整车销售是前期环节,为配件销售提供市场,而配件销售是对整车销售的持续性的服务,是企业实现利润的重要渠道。所以,汽车配件销售企业要将销售业务看作是最重要的业务环节,企业的后续销售活动都应围绕着汽车配件销售进行。在汽车配件市场竞争日趋激烈的情况下,销售业务开展得如何,对企业的生存和发展起着举足轻重的作用,本章将针对汽车配件销售进行具体解析。

二 汽车配件营销模式概述

汽车配件销售是为了最大限度满足汽车用户的市场需要,达到企业经营目标的一系列活动。其核心思想是交换,即买与卖的关系,卖方按买方的需求提供汽车配件产品和服务,使买方得到满足;而买方付出货币,使卖方得到收益,达到双方互利、互赢,如图5-1 所示。

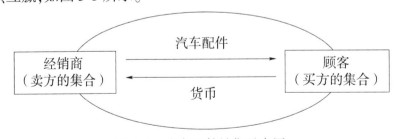

图 5-1 汽车配件销售示意图

汽车配件营销模式由营销组织、营销技术和营销理念组成,三者相互作用,相互影响,营销模式是一个综合的整体,不能以简单的市场组织形式的更新或销售方式的改变替代营销模式的全部。

目前,在汽车配件市场主要存在的营销模式主要有特许经营的专营店、普通经销商等几种模式。

三、汽车配件销售特点

汽车是多个单元的组合体,基于本身使用的特征,汽车配件销售呈现出以下特点。

1. 汽车配件销售品种的多样性

汽车由数千种零件、部件和总成构成,在整个使用、运行周期中,有3000多种配件会损坏、磨损及老化,在维修时都有可能需要进行修复、更换。因此,仅经营某一车型的配件就要涉及许多品种及规格,况且汽车配件还存在原厂、副厂件之分。另外,即使是同一产品,也有许多厂家生产,在质量、价格上都存在差异。可见,从销售的角度来看,汽车配件的品种数不胜数。作为汽车配件销售人员,既要有较强的专业知识,能熟悉地掌握各种汽车配件的知识,还要有独到的鉴别能力,为用户推荐货真价实的配件。

汽车配件销售的特点

2. 汽车配件销售具有较强的专业技术性

随着科学技术的高速发展,汽车越来越成为高科技的产品,其每一个配件都具有严格的型号、规格,满足相应的技术标准,要在不同型号汽车的成千上万个配件品种中为顾客准确、快速地查找出所需要的配件,就必须依靠高度专业化的人员,并以计算机管理系统作为保障。从业人员既要掌握商品营销知识,又要掌握汽车配件专业知识、汽车材料知识、机械制图知识以及汽车配件的商品检验知识,并且会识别各种汽车配件的车型、规格、性能、用途。所以,汽车配件销售具有较强的专业技术性。

3. 汽车配件销售有较强的季节性

一年四季——春、夏、秋、冬是客观存在的自然规律,它给汽车配件销售市场带来了不同的季节性需求。在春雨绵绵的季节里,为适应车辆在雨季行驶,需要车用雨布、各种风窗玻璃、车窗升降器、刮水器、刮水片、挡泥板等部件的特别多。在热浪滚滚的夏季和早秋季节,因为气温高,发动机机件磨损大,对火花塞、汽缸垫、进排气门、风扇带及冷却系统部件等需求的特别多。在寒风凛冽的冬季,气温低,发动机难起动,蓄电池、预热塞、起动机齿轮、飞轮齿圈、防冻液、百叶窗、各种密封件等配件需求就会增大。由此可见,自然规律给汽车配件市场带来了非常明显的季节性需求。调查资料显示,这种趋势所带来的销售额,占总销售额的30%~40%。

4. 汽车配件销售存在地域性的区别

我国国土辽阔,有山地、高原、平原、乡村、城镇,并且不少地区海拔高度悬殊。

汽车在不同的地理环境中使用,汽车配件的损耗特点也有所区别,这也给汽配销售市场带来了地域性的不同需求。在城镇,特别是大、中城市,因人口稠密、物资较多、运输繁忙,汽车起动和停车较频繁,机件磨损较大,其所需起动、离合、制动、电气设备等部件的数量就较多,因此制动摩擦片、起动机齿轮、飞轮齿圈等部件的销售额一般占总销售额的 40%～50%。在山地高原,因山路多、弯道急、坡度大、颠簸频繁,汽车钢板弹簧易断、易失去弹性,减振器部件也易坏,变速部件、传动部件易损耗,故需要更换的总成件也较多。由此可见,地理环境给汽车配件销售市场带来了非常明显的影响,在汽车配件销售过程中要注意根据所处的地理环境总结车辆使用特点。

在汽车配件销售过程中,具体的操作过程要遵循汽车配件销售的特点,要根据市场的具体情况,采取相应的销售模式和销售策略。

(四) 汽车配件消耗品的规律

1. 汽车配件消耗的规律性

汽车配件的磨损是有一定规律的,车辆按照行驶里程的多少,有大修、中修、小修的规定,各种类型的修理又有更换若干种配件的规定。例如:汽车在正常使用寿命期,配件的损坏是随机的、偶发性的,如果其设计和制造质量较好,则损坏率一般很低。又如:活塞一般是在发动机大修时才需更换,如某车型的新发动机平均大修里程是 24 万 km,约有一半的发动机在未达到这个里程之前就需要镗缸换活塞,甚至有个别的发动机因质量不好,不足 10 万 km 就需要大修、更换活塞。随着行驶里程的增加,活塞的需求量就增大。经大修后的发动机,其大修间隔里程会大大缩短,维修配件需求量会相应增加。一些用车大用户,如矿山、油田、专业运输公司,机关事业单位及建筑施工单位等,它们的在用车辆都有一定的配件消耗量。此外,私家车的保有量正在快速地增长,各种不同厂家的车辆以及不同的使用环境,都会产生不同的配件消耗量。掌握车辆配件消耗的规律性,就可根据市场需求,采取促销措施。然而,这种需求不是一成不变的,尤其近年来一些单位和部门的车辆,实行了承包经营和管理,打破了原有的采购配件的规律,因此,要根据实际发展情况,摸索新的规律性。

2. 近年来维修配件消耗规律发生的变化

近年来维修配件消耗规律发生了如下变化。

(1) 小总成换件增加。维修中经常更换的小总成有空气压缩

汽车配件消耗的规律

机、发电机、起动机、水泵、电动汽油泵、制动摩擦片、离合器摩擦片、空调压缩机等。遇有小总成故障,用户大多要求换用新总成,相应地,这些小总成的配件消耗急剧增加。

(2)组合件、成套件的大量使用。如活塞环、活塞销、活塞连杆,精加工成各级修理尺寸,不用刮、镗、拉,装上就用的曲轴轴瓦等,越来越受到用户和修理工的青睐,相应地,这类单件或未精加工的品种遭受冷遇。

(3)车辆维护中必须更换一些密封件。如离合器、制动主缸和制动轮缸皮碗、皮圈、油封及汽缸垫、油底壳等密封垫片,集中包装制成的各种修理包,尤其受到修理技术人员的欢迎。

(4)小规格容器包装的润滑油(脂)、特种液,因其具有携带加注方便、较少废弃的优点,尤其适合单台车辆使用。随着个人用车的增加,其销量逐渐增加。

以上四个方面的产品,即使价格高一点,用户也愿意购买。

五、汽车配件销售核心概念

汽车配件销售与其他商品营销核心概念一样,主要包括:需要、欲望和需求,产品,交换和交易、效用、价值和满意度,市场,产品销售者和顾客等,它们之间的关系如图5-2所示。

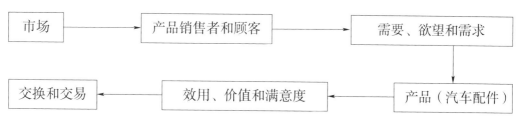

图 5-2 配件市场销售核心概念之间的关系

1.需要、欲望和需求

需要、欲望和需求是汽车配件市场销售的出发点。需要是对某些基本满足没有得到的感受状态,欲望是想得到能满足基本需要的具体物质愿望,而需求是有支付能力和愿意购买某种物品的欲望。在汽车配件销售中,这点是不容忽视的,作为汽车配件销售者必须明白,消费者的需要不是由经营者创造的,需要先于销售市场出现,而在销售过程中主要是影响消费者的欲望,并向人们指出销售者销售的产品可以满足消费者特定的需要,通过使产品富有吸引力,适应消费者的需求性和支付能力,从而影响需求。

2. 效用、价值和满意度

消费者不会购买自己不需要的产品,而消费者对产品有需要购买的欲望并产生购买的行为,主要取决于两个方面:一是这个产品是否满足消费者的需求;二是消费者在得到满足时必须付出成本,这个成本是否在其愿意付出的范围内。也就是说,消费者在购买产品时,要同时考虑产品的效用和成本两个因素。消费者通过对商品的品质或服务所感知的效果,与其期望值相比较后形成的感觉状态,即消费者对某项产品的消费情感体念,形成了消费者的满意度,满意度是能否促成交易的关键因素之一。只有使消费者达到他们能感觉良好的满意度,才能完成最后的交易,实现产品与货币的交换。

第二节 汽车配件营销市场及销售模式分析

一、我国目前汽车配件销售市场现状

我国的汽车配件市场经过了计划经济市场向市场经济市场的发展,由最初的垄断性经营转化为以市场为主导的经营,经过20多年的发展,已初具规模化。

汽车配件市场销售是汽车后市场服务利润的一大重要组成部分,目前我国的汽车配件市场主要存在以下特点。

1. 集约化经营得到深化

一是质量经营的特征。把质量经营放在重要位置上,从过去一贯以"外延扩大"和"争地盘、壮块头"为主的经营思路转向以"强化内涵"和"练内功"为主的经营思路上来,在产品质量、管理质量、服务质量等方面上档次、上台阶。

二是集团规模经营的特征。集约化经营要求生产要素的相对集中,经营集团化、规模化,因此"分散、按区划设"和"各行其是、各自为战"的局面有所改变。

三是效益效率经营的特征。集约化经营以提高效益为最终目标,从"高成本、低效率"和"少、慢、差、费"的状况,转向"低投入、高利润"和"多、快、好、省"的经营目标。

四是高科技经营、电子化经营的特征。不断提高科技含量,无论是4S店还是个体经营户,都大力推进计算机网络工程,实现"手工"向"电子化"的转变,实现服务手段电子化是集约化经营的突出表现。

五是人才经营的特征。建立优胜劣汰的用人机制,启用优秀人才参与日益激

烈的市场竞争,越来越多经过专业系统培训的人才加入汽车配件营销及管理市场。

2. 多种经营模式相互并存,相互依赖

由于市场经济的自主化经营,在汽车配件销售市场中出现了多元化的经济实体,有集团化的,有中小企业化的,有个体户等,这些经济实体构成了一个庞大的汽车配件销售网络。人们常说"同行是冤家",但这一现象面对现代汽车配件销售网络却有所改变。虽然每个汽车配件销售经营实体之间都存在着市场竞争,但由于汽车品牌的多样化和汽车配件的繁多性,极少有经营者能备齐所有用户所需的所有配件,因为要备齐,则需要大量加大投入资金,从而增加成本,削减利润甚至出现亏损。当市场存在需求,而自身又没有所需配件时,经营者们会向其他的经销商调货,这样就能最大限度地满足市场需求,同时在经销商之间互相调货的过程中,实现双赢。

汽车配件品牌多样化、繁多性等独具的特点,造就了市场经营模式的多样化,使多种经营模式相互并存,在相互竞争的同时,又相互依赖,相互促进、壮大发展。

 汽车配件市场销售模式分析

本章第一节中提到,汽车配件销售模式主要分特许经营的专营店、普通经销商等几种模式。而这些销售模式又如何具体运用呢?下面进行详细的分析。

1. 特许经营

特许经营是指厂家将自己拥有的商标、商号、产品、专利和专用技术、经营模式等以特许经营合同的形式授予被特许经营者使用,被特许者按合同规定,在厂家同意的业务模式下从事厂家产品的营销活动,并向厂家支付相应的费用,而且接受一些厂家的监督和管理。它具备如下特点。

(1)以制造企业为中心,形成一种唇齿相依、休戚与共的产销衔接关系。整个营销体系服从制造企业的整体发展战略。

(2)分销路径简捷。除了个别品种调剂之外,一般汽车配件只经一次或二次转手,由厂家直接给分销商,再给零销商,或者直接分配给零售商。

(3)统一销售价格。销售价格由厂家统一制订,全国一致,甚至有时运费也是统一标定包含在配件价格中。

(4)经销店功能多元化。一般都具有多种功能,如配件供应、汽车修理、新车销售等。

(5)经销商实力的不断强化。经销作为汽车生产过程的一个延伸,经销商得到生产企业的巨大支持,每个制造商都有强大的技术服务中心,对经销店的销售和维修人员进行培训;每个制造商又都具有巨大的配件仓库或配件配送中心,保证经销商的配件供应;同时,销售不只是"卖出",维修也不是简单的修车,而是同时承担着挽回并保持用户"信赖"和"收集市场技术信息"两大任务。这种产销之间的有机结合,使经销商实力和素质大大增强,而非厂方定点的经销单位,基本上没有生存空间。

(6) 规范的产销行为。产销之间协议明确,包括职责分工和经营区域都有明确的划分,不存在制造厂同经销商"争食"的情况,也不会出现出经销商"自相残杀"的现象。

这种销售模式的典型代表是汽车品牌的4S店,这样的营销模式在资金的前期投入要大,适应于私有企业化经营或集团化经营。在制造厂家许可的前提下,4S店还可开设二级分销商,在区域上受厂家的保护。除此之外,还有配件生产厂家的特许经销商等,这类的特许经销商常以个体经营户为多,受厂家的约束相对少些,但一样具有在一定范围内占有市场的唯一性的优点。

2. 普通经销商

普通经销商一般采用多种品牌结合销售的模式,这类经销商一般不受配件生产厂家的约束,所销售的配件可涉及汽车多方面。这种模式主要适用于个体户经营,其资金投入相对较少,对于仓储的空间可根据自身的经营规模适当要求,不存在制造厂家的约束。这种模式最大的优点就是由于销售的市场自由度较大,在配件的销售价格方面相对专营店会有幅度不小的优惠,而价格优惠是吸引用户的关键点,但用户在使用的过程中,也会存在对质量的忧虑,这是一些不文明经营者所带来的负面影响。

普通经销商由于主要是个体户经营,在销售过程操作中比较灵活,有如下几个特点。

一是经营场所选择自由度大。经营场所选择主要有两种形式:临街店面和集中的汽车配件城。临街店面是根据经营者的市场洞察力自由选择店面地理位置,这些地理位置大多是已经形成一定的区域配件市场的集合,如配件一条街等。而集中的汽车配件城是专为汽车配件市场销售所建设的商城,在商城里有许多经营配件销售的铺面,相当于汽车配件集市。

二是市场响应速度快。市场在不断地变化,经营者应根据市场的变化不断改变销售策略,作为普通经销商,其销售策略主要由经营者自己决定,如观察到市场的明显变化,可立即采取响应的策略加以应对,没有烦琐的审批手续,市场适应性较强。

三是库存量小,风险系数小。经销商之间相互调货,可互相补足配件的空缺,对于配件的品种库存量要求不高,可大大减少库存配件的数量和种类,从而降低营销成本。

第三节 汽车配件营销策略

一、汽车配件促销策略

(一)促销与促销组合的概念及作用

1. 促销与促销组合的概念

所谓促销,是指企业营销部门通过一定的方式,将企业的产品信息及购买途径传递给目标用户,从而激发用户的购买兴趣,强化购买欲望,甚至创造需求,从而促进企业产品销售的一系列活动。促销的实质是传播与沟通信息,其目的是要促进销售、提高企业的市场占有率及增加企业的收益。为了沟通市场信息,企业可以采取两种方式:一是单向沟通,即由"卖方→买方"的沟通,如广告、陈列、说明书、宣传报道等,或由"买方→卖方"的沟通,如用户意见书、评议等;二是双向沟通,如上门推销、现场销售等方式,即是买卖双方相互沟通信息和意见的形式。

现代市场营销将上述促销方式归纳为4种类型:人员推销、广告、营业推广和公共关系,并将这4种方式的运用搭配称为促销组合。促销组合策略就是对这4种促销方式组合搭配和运用的决策。对汽车市场营销而言,促销手段还应包括一种重要的促销方式,即销售技术服务(含售后服务)。可以说,在现代的汽车市场上,没有销售技术服务,尤其是没有售后服务,企业就没有市场;服务不能满足用户要求,企业就会失去市场,这一促销方式对汽车产品销售而言,具有更为重要的意义。所以,汽车产品的促销组合即是以上4种方式和技术服务的组合与搭配,相应的决策即为汽车产品的促销组合策略。

2. 促销组合的作用

促销活动对企业的生产经营意义重大,是企业市场营销的重要内容。促销的作用不仅对不知名的产品和新产品意义深远,而且对名牌产品也同样重要。那种"好酒不怕巷子深"的观念已经越来越不能适应现代市场竞争的需要,是应当摒弃的落后观念。在现代社会中,促销活动至少有如下重要作用。

（1）提供商业信息。通过促销宣传，可以使用户知道企业生产经营什么产品，有什么特点，到什么地方购买，购买的条件是什么等，从而引起顾客注意，激发并强化购买欲望，为实现和扩大销售做好舆论准备。

（2）突出产品特点，提高竞争能力。促销活动通过宣传企业的产品特点，提高产品和企业的知名度，加深顾客的了解和喜爱，增强信任感，也就提高了企业和产品的竞争力。

（3）强化企业的形象，巩固市场地位。恰当的促销活动可以树立良好的企业形象和商品形象，能使顾客对企业及其产品产生好感，从而培养和提高用户的忠诚度，形成稳定的用户群，可以不断地巩固和扩大市场占有率。

（4）刺激需求，影响用户的购买倾向，开拓市场。这种作用尤其对企业新产品推向市场，效果更为明显一些。企业通过促销活动诱导需求，有利于新产品打入市场和建立声誉。促销也有利于培育潜在需要，为企业持久地挖掘潜在市场提供可能性。

总之，促销就是花钱买市场。但企业在促销组合决策时，应有针对性地选择好各种促销方式的搭配，兼顾促销效果与促销成本的关系。

（二）促销组合策略

促销组合策略实质上就是对促销预算如何在各种方式之间进行合理分配的决策。企业在做这些决策时，除了要考虑各种方式的特点与效果外，还要考虑如下因素。

1）产品的种类和市场类型

汽车配件产品的种类繁多，因此，所采取的促销方式和策略，应根据市场的不同而灵活变化。例如：重型汽车因使用上的相对集中，市场也比较集中，因而人员推销对促进重型汽车的销售，效果较好；而轻型汽车、微型汽车由于市场分散，所以广告对促进这类汽车销售的效果就更好。总之，市场比较集中的汽车产品，人员推销的效果最好，营业推广和广告次之。反之，市场的需求越分散，广告效果越好。

2）促销活动的方式

企业促销活动有"推动"与"拉引"之别。所谓"推动"，就是以中间商为主要促销对象，将产品推向销售渠道，进而推向用户；"拉引"则是以最终用户为主要促销对象，引起并强化购买者的兴趣和欲望，吸引用户购买。显然，在"推动"思路指导下，企业便会采用人员推销方式向中间商促销，而"拉引"则会广泛采用广告等策略，以吸引最终用户。

3）产品所处的生命周期阶段

当产品处于导入期时,需要进行广泛的宣传,以提高知名度,因而广告的效果最佳,营业推广也有相当大的作用。当产品处于成长期时,广告和公共关系仍需加强,营业推广则可相对减少。产品进入成熟期时,应增加营业推广,削弱广告,因为此时大多数用户已经了解这一产品,在此阶段,应大力采用人员推销的手段,以便与竞争对手争夺客户。产品进入衰退期时,某些营业推广措施仍可适当保持,广告则可以停止。

总之,无论是企业还是个体户,要在充分了解各种促销方式的特点,并考虑影响汽车配件促销方式各种因素的前提下,对目标市场进行客观分析,才能作出最佳的促销组合决策。

  汽车配件产品策略

（一）汽车配件产品

1. 汽车配件产品的概念

汽车配件产品的定义是:"活动或过程的结果"或者"活动或过程本身"。该定义给出的产品概念,既可以是有形的,如各种实物;也可以是无形的,如服务、软件;还可以是有形与无形的组合,如实施一个由计算机控制的某种产品的生产过程。这是现代社会对产品概念的完整理解。

对汽车配件产品来讲,用户需要的是汽车能够满足自己运输或交通的需要,以及满足自己心理和精神上的需要,如身份、地位、富贵、舒适等。尤其是那些轿车用户更是如此。此外,汽车产品的用户还希望生产厂家能够提供优质的售后服务,如配件充裕、维修网点多、上门服务、"三包"(即包修、包退、包换)等。

由此可见,现代市场营销产品的概念是一个包含多层次内容的整体概念,而不单是指某种具体的、有形的东西。一般来说,汽车配件产品分为5个层次,即实质产品、形式产品、期望产品、延伸产品和潜在产品。

实质产品是核心。企业必须要在实质产品上下功夫,不断开发适合顾客需要的新品种,并提高产品质量,才能更好地满足用户的需要。在抓实质产品的同时,也要抓好形式产品和其他扩增产品。形式产品与实质产品的外观质量紧密联系在一起,与企业的整体形象也紧密联系在一起,是顾客购买商品前和购买商品时首先获得的印象,对激发顾客购买欲望具有促进作用。

2. 汽车配件产品的质量

产品质量是产品的生命,是竞争力的源泉。优良的质量对企业赢得信誉、树立形象、满足用户需要、占领市场和增加收益都具有决定性意义。忽视产品质量的监控力度,将导致严重的后果,像三鹿、双汇以及锦湖轮胎等,不但丧失了市场,甚至会使集团倒闭。因此,国内外一切精明的、成功的企业家,都毫不例外地重视自己产品的质量,并不断设法提高产品质量。

汽车配件产品的标准化、通用化、系列化(即"三化"),不仅是产品质量的重要内容,也是企业经营策略的重要内容之一,是提高产品水平和竞争能力的重要措施。就汽车工业企业来讲,产品质量的技术标准决策的内容主要有两个:一是贯彻执行国家(国际)标准、机械工业及汽车工业的行业标准(部颁标准)以及企业内部制订的质量标准,有标准规定的要执行标准规定,没有标准规定的,企业也要做好企业的标准工作;二是企业要结合其经营战略,做好企业产品型谱的标准工作,力求有一个符合企业经营战略、布局合理的产品型谱(车型系列),只有搞好产品的标准化,才能在市场上货畅其流,因此,在产品开发中要注意"标准",使产品符合国际标准和国外先进标准。

(二)汽车配件产品组合策略

一个汽车配件企业可能生产或经营多种产品。这些产品在市场的相对地位以及对企业的贡献大小不同。企业要在竞争激烈的市场上取得优势,就必须依照消费者的需求和自身实力对安排生产和营销哪些产品以及如何组合进行策划与决策,这就有了产品组合的概念。

1. 基本概念

(1)产品组合。产品组合指一个企业所生产销售的全部产品的结构,包括所有产品线和产品项目的组合。

(2)产品线。产品线指密切相关的一组产品,这些产品具有相同的使用功能,授予同类消费者群,满足消费者类似的需求,只是在规格、型号上有所不同,如万向集团向市场提供万向节、轴承、等速驱动轴、传动轴、制动器、减振器、滚动体、橡胶密封件8类产品,形成了8条产品线。产品线由产品项目组成,一般每一条产品线有专门的管理人员进行管理。

(3)产品项目。产品项目指每条产品线中的具体的规格、型号、款式、质量的产品,是产品目录中列出的每一个明确的产品单位。

(4)产品组合的宽度。产品组合的宽度指企业所拥有的产品线的数目。如万向集团拥有8条产品线,其产品宽度为8。一般来说,企业越是多元化经营,其产品组合宽度就越大。

(5)产品组合的深度。产品组合的深度指每条产品线包含的产品项目的数量,不同产品线下具体型号的产品个数可能不同,即产品组合的深度因产品线的不同而有所不同。

(6)产品组合的长度。产品组合的长度指所有产品项目总数,即企业所生产的不同产品线下不同产品项。

(7)产品组合的相容度。产品组合的相容度指企业内部所拥有的各条产品线之间在最终用途、生产条件、分销渠道等方面的关联程度。如果关联程度大,则相容度高,反之,则相容度低。

2. 产品组合策略

汽车配件企业可以通过扩大产品组合的宽度、增加产品组合的深度、长度等来增强企业的竞争能力,这就是产品组合策略的研究。

1)扩大产品组合

扩大产品组合可通过增加产品组合的宽度或深度来实现。增加产品组合的宽度即在目前的产品组合中增加新的产品线,新产品线可能和原有的产品线相关,如汽车橡胶厂生产汽车密封垫,也可能不相关,如汽车橡胶厂生产轴承。

增加产品组合的深度即在原有的产品线基础上开发新规格、新型号的产品。此外,产品组合深度的扩大可通过产品档次的延伸来实现,有三种延伸方式。

(1)向下延伸。即在原有的高档产品中增加中低档产品项目。当高档产品的市场需求逐渐减少,或高档产品市场竞争激烈,企业需要利用其在高档产品市场中的良好声誉,吸引收入层次低和对价格敏感的消费者时,适宜采用向下延伸方式。这样有利于企业产品大众化,扩大企业的市场份额,但低档产品可能影响企业的高端品牌形象。

(2)向上延伸。即在原来定位于中低档产品线中增加高档产品项目。随着人们收入水平的提高,高档产品的市场需求增加,当企业想通过生产高档产品,增加利润、提高品牌形象时,适宜采用向上延伸方式。这样有利于提高企业整体形象及产品形象,丰富产品线,但消费者可能对此类企业生产的高档产品抱怀疑的态度,从而对高档产品打开市场销路造成一定的困难。因此,树立消费者信心,赢得消费者对高档产品的信任,做好宣传工作,对采用此种方式的企业尤为重要。

(3)双向延伸。即在原来的产品线中同时增加高档和低档的产品项目。由于这种延伸途径需要增加相当大的投资量,风险增大,要求企业具有一定的实力,故特别适合新兴行业中的企业采用。

2)缩减产品组合

缩减产品组合,即减少产品组合的宽度或深度。当某产品系列进入生命周期衰退期时,说明该类产品将逐渐退出市场,这时就需要缩减其组合。另外,当某种产品市场不景气,销售量、利润率大幅下降时,也可进行缩减;当企业实力不足、资源紧缺时,可缩减次要产品项目或非主营产品系列。

市场信息反馈的收集与运用

市场是复杂多变的,作为汽车配件销售人员,必须积极分析、提炼、反馈各种市场信息,及时了解市场变化、掌握市场动态,以对销售策略做出相应的变动。那么,如何做好信息反馈呢?反馈市场信息要正确把握以下"三性"。

一是全面性。汽车配件市场关联的问题是多方面的,配件销售要充分运用市场调研的基本方法,及时全面地了解当前消费者的需求、关注的热点。不同类型的客户、不同类型的消费者所提供的市场信息不尽相同,彼此间有联系也有差别。只有广泛深入地收集信息,进行分析研究,反馈的信息才是比较全面的。

二是价值性。有些信息能够反映市场情况,但有些信息可能是无用的甚至是虚假的,在收集市场反馈信息时要认真辨别其价值性。搜集到的信息是否有效,在一定程度上取决于对市场和客户的了解程度。平时加强与消费者的沟通,培养与客户的感情,帮助客户解决实际需求,当客户把你当作朋友、愿意与你坦诚交流的时候,你所收集的信息也就越来越有价值。

三是相关性。配件销售不仅要注意了解信息的广度,还要注意了解信息的深度。重点突出反馈的信息应与近期市场变化重点相关,或与企业当前的方针、政策相联系。只有对搜集到的信息进行科学、细致的研究分析,才能使反馈的信息有理有据,为市场销售的正确决策提供可靠的参考依据。

配件市场信息反馈直接影响到汽车配件的具体销售方案,主要信息包括如下方面。

(1)所销售配件对应该地区车型的保有量。车型的保有量决定市场需求的程度,保有量大,需求量大;保有量小,相对需求量会变少。

（2）所销售配件对应生产年限。车辆有其实用寿命周期,在不同的周期出现的磨损规律也不一样,对配件的需求也有相应的区别,分析该信息有助于对主推配件的销售,变更库存策略。

（3）车型是否停产。车型是否停产,决定车辆保有量是否持续增加,从而获取市场需求的确切信息,对订货的品种、数量进行相应变动。

（4）消费者对质量的评价。这里所说的质量主要包括两方面:一是配件质量,配件质量保证主要来自供货商,如果消费者对配件质量反映偏向差,应考虑更换货源。二是服务质量,服务质量也是营销好坏的一大关键,如果消费者对服务质量不满意,作为经营者,应从自身服务方式查找原因,制订相应的改进措施。

总之,汽车配件销售具体实施离不开市场,市场信息的收集与运用,对配件的销售有莫大的帮助,也是实现更高利润的基础。

第四节 财 务 常 识

在销售活动中,计算货款应准确,结算货款应及时,清理欠款应有力度,这是对销售人员和销售管理人员的基本要求。

销售活动的最终结果会体现为财务数据。作为销售人员(特别是销售管理人员),在开展销售工作的过程中,必然会遇到支付、结算、预算等与财务相关的问题,很显然,良好的财务知识背景会有助于顺利开展各项工作。

一 常见支付、结算方式

国内常见的支付、结算方式有如下几种。

（1）汇票。汇票包括银行汇票和商业汇票(商业汇票又包括银行承兑汇票、商业承兑汇票)。

（2）银行本票。银行本票包括定额银行本票和不定额银行本票。

（3）支票。支票包括现金支票、转账支票、普通支票。

（4）汇兑。汇兑包括电汇、信汇两种。

（5）委托收款。委托收款包括异地委托收款和同地委托收款。

（6）信用证。信用证是由银行提供担保的国内企业之间商品交易结算工具。

1. 银行汇票

银行汇票(图5-3)是由出票银行签发,收票银行见票时按实际结算金额无条件支付给收款人或持票人的票据,单位和个人的各种款项结算均可借助于银行汇票。银行汇票可用于转账,注明"现金"字样的银行汇票也可以用于支取现金。银行汇票主要有以下几个特点。

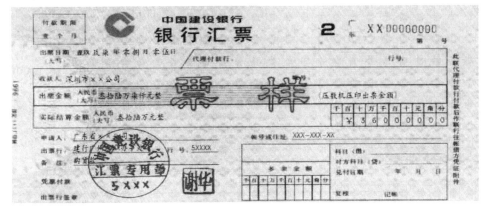

图 5-3　银行汇票

(1) 无起点金额。

(2) 无地域限制。

(3) 企业和个人均可申请。

(4) 收、付款人均为个人时,可申请现金银行汇票。

(5) 有效期一般为 1 个月。

(6) 现金银行汇票可以挂失。

(7) 见票即付,在票据有效期内可以办理退票。

2. 银行本票

银行本票(图 5-4)是由银行签发的、承诺在见票时无条件支付指定金额给收款人或持票人的票据,单位和个人在同一票据交换区域需支取各种款项时均可使用银行本票。银行本票主要有如下几个特点。

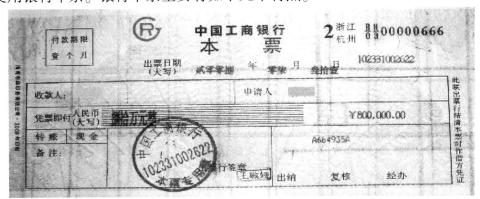

图 5-4　银行本票

(1)不定额银行本票无起点金额限制。

(2)银行本票一律记名。

(3)收、付款人为个人时,可申请的现金银行本票,现金银行本票可委托人向出票行提示付款。

(4)银行本票见票即付。

(5)银行本票付款期限一般不超过 2 个月。

3. 支票

支票(图 5-5)是由出票人签发的、委托办理支票存款业务的银行见票时无条件支付指定金额给收款人或持票人的票据,单位和个人在同城的款项结算均可使用支票,支票出票人为在中国人民银行当地分行批准办理业务的银行机构开立可以使用支票的存款账户单位和个人。支票主要具有如下几个特点。

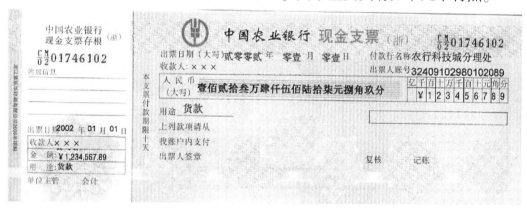

图 5-5　支票

(1)无起点金额限制。

(2)可支取现金或用于转账。

(3)有效期为 10 天(从签发之日起计算,到期日为节假日时顺延)。

(4)可以挂失。

4. 汇兑

汇兑是汇款人委托银行将款项支付给收款人的一种结算方式,单位和个人的各种款项结算均可使用这种结算方式。汇兑业务主要具有如下几个特点。

(1)汇兑分电汇、信汇两种,由汇款人选择使用。

(2)汇兑不受金额起点限制。

5. 委托收款

委托收款是收款人委托银行向付款人收取款项的一种结算方式,单位和个人凭承兑商业汇票、债券、存单等付款人债务证明办理款项结算均可使用委托收款的结算方式。委托收款业务主要具有如下几个特点。

（1）无起点金额限制。

（2）同城、异地均可办理。

（3）有邮寄和电汇两种收款方式供收款人选用。

6. 信用证

信用证是指开证行依照申请人的申请开出的、凭符合信用条款单据支付的付款承诺，国内信用证是由银行提供担保的国内企业之间商品交易结算工具。

二 与销售相关的财务术语

销售的最终成果得通过财务来体现。企业往往通过投资回报率、每股收益率等指标来评估销售成果，因此，销售人员必须对销售活动的财务指标进行评估，管理人员则更要善于通过财务指标来提交方案。常见的财务术语有成本、盈亏平衡点、利润目标、市场占有率、资本支出、相关成本、毛利率等。

1. 成本

在确定贡献毛利与利润时常涉及使用变动成本和固定成本项目。变动成本是指那些在单位产品上固定的、在总额上依据制造和销售数量而变动的成本；固定成本是指那些与生产和销售不紧密相关的、在总量上保持不变的成本。单位产品的成本由上述两种成本共同决定，分清哪些成本是变化成本、哪些成本是固定成本很重要。如果某成本随产量变化而变化，它就是变动成本（劳动、原材料、包装、销售人员的佣金就是变动成本）。值得注意的是，除佣金外的所有营销成本都被视为固定成本。

2. 盈亏平衡点

在确定为补偿所有相关固定成本而必须销售的数量或金额时，这样的销售水平被称为盈亏平衡点。以数量表示的盈亏平衡点＝总固定成本/单位贡献毛利；以金额表示的盈亏平衡点＝总固定成本/1－（单位变动成本/单位销售价格）＝以数量表示的盈亏平衡点×单位销售价格。

3. 利润目标

盈亏平衡并不像盈利目标那么诱人，因此，常常需要在计算中体现一个利润目标下的销量目标，即在哪个销量水平上可获利多少元。换句话说，盈亏平衡分析告诉人们必须售出多少,利润目标则告诉人们将要售出多少。

4. 市场占有率

市场占有率的计算方法如下:

市场占有率 = 公司销售水平/市场总量

例如:假设总的市场总量为 29 万件,盈亏平衡销售水平为 4 万件,这样,盈亏平衡所要达到的市场占有率 = 40000/290000 = 13.8%。

5. 资本支出

通常,某销售方案的计算会涉及费用分摊问题。例如:假定使用期为 10 年的设备价值为 500 万元,如果把这 500 万元全部归入第一年盈亏平衡点的计算中去,则盈亏平衡点将很高,所以,通常是将这 500 万元平均分摊到 10 个年度内,这样,可以把每年与该设备有关的 50 万元作为一项固定成本。为此,管理人员需要对固定资产的有效寿命进行合理预测,并且将总成本分摊到各个使用时间段内。

6. 相关成本

在判断哪些固定成本与某方案相关时会涉及相关成本的概念,判断法则如下:如果支出水平因采纳了该计划而发生变化,则该固定成本就是相关成本。因此,新设备、新研究和开发等成本都是相关成本。反之,上一年度的广告费或以前的研发费则不会随现在的决策而有所变化,因此,就不是该销售方案的相关成本,一般被视为滞留成本且不会被计入现在的决策。

7. 毛利率

企业成本价与售价之间的差额被称为毛利或加价,所以毛利率的计算公式为:销售价格 = 成本 + 毛利。在营销中,最通行的惯例是将毛利率表示为售价的百分比,以这种方式表示毛利更易于操作。

 销售管理中的财务运用

1. 维持良好的资金流

企业在销售产品的过程中一方面表现为产品流,另一方面又伴随着资金流(资金的流进和流出)。企业的销售活动与资金流密切相关,销售管理人员必须正确规划资金流量,用好、用活资金,从而提高资金使用效率。

2. 应收账款管理

为提高市场占有率,企业经常会采用各种促销手段(这里指狭义促销)。促销手段虽然种类繁多,但从结算方式上来说可归结为两种:现销、赊销。"现销"的优点是应计现金流量与实际现金流量相吻合,能避免呆账、坏账,也能及时将收回的款项投入再运营,因而它是企业最期望的一种结算方式。然而,在竞争激烈的今天,单纯依赖"现销"往往很难,况且,企业为了抑制风险而一味追求"现销"也会坐失商会,久而久之,可能导致市场萎缩,市场占有率下降,从而使企业的长远利益受损。

为适应竞争需要,适时采用"赊销"方式可弥补"现销"的不足。而且,从商品流通的角度来看,"赊销"在强化企业市场地位、扩大销售收益、节约存货资金占用、降低存货管理成本等方面也有着"现销"无法比拟的优势。但是,从另外一个角度来看,"赊销"会产生应收账款问题、坏账问题,有一定的风险;同时,这部分应收款项因被客户占用而无法用来投入运营并增值,从而形成机会损失,而且企业还得为之付出一定的管理费用。

不难看出,应收账款的投资收益与投资风险是客观并存的,它既是流通顺利实现的保证,又是流通顺利实现的障碍。那么,该如何有效地管理应收账款呢?通常可以遵循以下几条原则。

(1)通过票据加强商业信用约束力,以提高交易效率,减少应收账款的发生。

(2)建立健全应收账款管理,建立坏账准备金制度,以防不测。

(3)贯彻"促销与收回"并重的原则,财务应根据调查资料正确评判客户的偿债能力和信用程度,在此基础上合理确定信用期限,避免盲目赊销。

(4)确定应收账款政策时,应在"赊销"收益与"赊销"成本及损失之间进行权衡。

(5)可以运用现金折扣来减少应收账款。

财务部门应定期编制《应收账款账龄分析表》,列出信用期内和信用期外的客户数量和金额,同时计算、分析"应收账款周转率""平均收账期"等考核指标,及时反馈给业务部门,从而共同商讨收账对策。

建立、完善风险机制,对促销人员加大约束力度,以增强销售人员的危机感、压力感,使其工作重点始终放在销量和资金回笼上。

3. 财务与销售

财务为销售服务,但它不依附于销售。有时,销售部门为了开拓市场,提高市场占有率,可能会在某种程度上不计成本,但财务人员需认真核算每笔业务的经营成本和最终成果。比如,客户在货款不足的情况下还想多提货时,销售人员出于与客户发展关系的目的可能会答应对方的要求,而财务人员则可能以"无欠款销售"等原则予以拒绝,财务和销售双方就会形成矛盾。为了解决这个矛盾,企业需制订客户欠款相关规定,并加强销售部门与其他职能部门之间的沟通。例如,财务部可以把客户的资信情况提供给销售人员,由销售人员出面,让客户写出具有法律效力的欠款证明,以在规定期限内收回货款,这样既能使客户满意,又能使销售业务不断发展。

另外,销售管理中的财务工作并不是个狭义上的会计概念,财务工作应体现出对经营活动的反映和监督,销售人员应当以实现所有者权益最大化为己任。为此,销售部门应编制销售报表并按时上报,以便于公司有关部门随时了解销售状况,进而有计划地调整库存结构,使库存管理处于最佳状态,这样可减少库存管理成本,统一调配资金,使资金达到安全、高效运转。此外,在财务部门的配合下,销售部门还应积极实现销售资金回笼,有计划地完成销售回款任务。再者,销售部门还应及时处理积压商品,清仓盘库,调整合理的库存结构,努力盘活资金存量,争取资金周转的最大回款效益。对销售部门而言,财务与业务始终是矛盾的统一体。

 拓展学习

什么是增值税发票?

从计税原理上说,增值税是对商品生产、流通、劳务服务中多个环节的新增价值或商品的附加值征收的一种流转税。实行价外税,也就是由销售者负担,有增值才征税,没增值不征税。但在实际当中,商品新增价值或附加值在生产和流通过程中是很难准确计算的。因此,我国也采用国际上的普遍采用的税款抵扣的办法,即根据销售商品或劳务的销售额,按规定的税率计算出销项税额,然后扣除取得该商品或劳务时所支付的增值税款,也就是进项税额,其差额就是增值部分应交的税额,这种计算方法体现了按增值因素计税的原则。

其计算公式为:应纳税额 = 销项税额 − 进项税额。

例如:甲公司向乙公司购进货物 100 件,金额为 1000 元,但甲公司实际上要付给对方的货款并不是 1000 元,而是 $10000 + 10000 \times 17\% = 11700$ 元(假设增值税率为 17%)。

我思我想

敬　业

敬业是中华民族的传统美德。《礼记》之中,便有"敬业乐群"的说法,孔子也主张"敬事而信""执事敬"。及至近代,梁启超又对敬业精神作了专门阐述,"凡做一件事,便忠于一件事,将全副精力集中到这事上头,一点不旁骛。"

爱岗敬业,是习近平总书记倡导的劳模精神的重要内涵。共和国宏伟大厦是由一个个行业、一个个岗位的"砖瓦"筑就的。立足平凡岗位、人人争先创优,"百职如是,各举其业",方能众志成城、集聚众力。三百六十行,倘若每个人都能立足平凡岗位、齐心敬业、履职尽责、勤勉奉献,我们就能汇聚起强大正能量,为社会主义现代化事业注入蓬勃生机与活力。正因此,敬业精神既关乎个人成长成才,更关乎国家的兴盛、民族的复兴。奋进新征程,我们应该怎样以行动诠释敬业精神?从某种意义上讲,敬业之道蕴含爱业、勤业、精业之精神,值得我们为之践行。

8年间,黄大年将个人理想追求融入国家和民族的事业,向祖国和人民交出敢为人先、勇攀高峰的优异答卷,是几十年如一日的潜心钻研和不懈奋斗。习近平总书记对黄大年同志先进事迹作出重要指示,为我们在新形势下弘扬敬业精神、共筑伟大梦想注入了强大思想和行动力量。

如果说事业是航船,那么敬业就如同风帆。敬业笃行,推进人生实现从平凡到伟大、从优秀到卓越。激扬敬业精神、扬帆远航、乘风破浪,我们必能抵达梦想的彼岸。

延伸讨论:汽车配件营销行业是一种具有强烈竞争的行业,而汽车配件种类繁多,作为汽车配件销售人员要具备什么样的素质,才能为用户推荐货真价实的配件,最大限度满足汽车用户的市场需要?

学习评价

一、基础知识

1. 汽车配件销售有哪些特点?
2. 汽车配件消耗有什么规律?
3. 我国目前汽车配件销售模式主要有哪些?各自有什么特点?
4. 什么是汽车配件促销策略?有什么作用?
5. 如何制订汽车配件销售方案?

6. 如何把握市场信息的正确性?

7. 汽车配件市场信息反映主要包括哪些内容?

8. 常见的支付、结算手段主要有哪几种?它们各自有什么特点?

二、能力考核

能力考核表见表 5-1。

能力考核表　　　　　　　　　　表 5-1

序号	考核内容	配分	评分标准	考核记录	扣分	得分
1	配件销售市场认识	15 分	配件市场特点、配件消耗规律,销售市场现状。错误一项扣 5 分			
2	销售模式分析	20 分	销售模式的种类,销售模式的运用。错误一项扣 5 分			
3	营销方案的制订	30 分	销售模式的选择,信息收集的准确性,市场反馈信息的运用。错误一项扣 5 分			
4	财务运用	15 分	支付方式,财务应用。错误一项扣 5 分			
5	5S 管理	10 分	错误一项扣 5 分			
6	沟通表达	10 分	错误一项扣 5 分			
7	分数统计	100 分				

第六章

汽车配件售后服务

> **学习目标**
>
> 通过本章的学习,你应能:
> 1. 知道汽车配件售后服务的作用及工作内容;
> 2. 鉴别汽车配件质量;
> 3. 能正确合理地开展汽车配件客户关系管理;
> 4. 在进行汽车配件售后服务过程中,提高责任意识,具备诚信品质、法治观念和售后服务业务素质。

建议学时

6 学时。

工作情景描述

某汽车4S店接到客户投诉,称刚更换的某配件坏了,客户不仅要求索赔零件,还要求补偿其他损失,如往返路费、时间成本等,声称不给赔偿就投诉到厂家和消费者协会。请维修接待人员按照规定流程处理。

学习引导

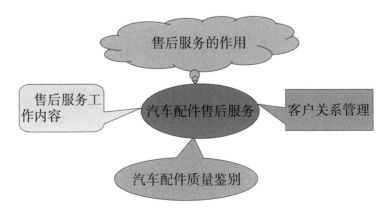

第一节 汽车配件售后服务的作用及内容

一 售后服务

售后服务是指在商品出售以后所提供的各种服务活动。售后服务本身同时也是一种促销手段。

售后服务是售后最重要的环节。售后服务已经成为企业保持或扩大市场份额的要件。售后服务的优劣能影响消费者的满意程度。在购买时,商品的保修、售后服务等有关规定可使顾客摆脱疑虑、摇摆的心态,下定决心购买商品。优质的售后服务可以算是品牌经济的产物,在市场激烈竞争的今天,随着消费者维权意识的提高和消费观念的变化,消费者们不再只关注产品本身,而是在同类产品的质量与性能都相似的情况下,更愿意选择这些拥有优质售后服务的公司。

售后服务的内容有:代为消费者安装、调试产品;根据消费者要求,进行使用等方面的技术指导;保证维修配件的供应;负责维修服务,并提供定期维护;为消费者提供定期电话回访或上门回访;对产品实行"三包",即包修、包换、包退;处理消费者来信来访以及电话投诉,解答消费者的咨询,同时征集消费者对产品质量的意见,并根据情况及时改进。

售后危机应对的要求一般有如下方面:

(1)耐心倾听。客户购买了产品之后,在使用的过程出现了问题,导致产品不能正常使用,客户会通过各种渠道抱怨对产品的不满。无论客户是通过哪种渠道投诉,永远记住,不要争辩,要耐心地倾听,把客户的问题梳理出来,然后在适当时机表达你的观点。

(2)勇于认错。千万不要和客户发脾气,要学会控制情绪。客户可能很生气,但是售后服务人员一定要耐心地接受,不要做过分地辩解,只需要认错。尊重客户是一个称职的售后服务人员必须具备的素质,有时在耐心地倾听之中,客户的怒气就消了,客户的不满也就不知不觉地解决了。许多人在客户尚未表露不满时,就很焦急地想找借口应付他,如果售后服务人员一再地辩解,客户会情绪性地产生反感。

(3)提供解决方案。如果是由产品本身的质量问题引来的不满,首先要诚恳地向客户表示歉意,并表示会在约定期间尽快帮客户把问题处理好。如果是人为原因造成了产品不能正常使用的情况,首先,要肯定客户对公司产品的认可,感谢客户对产品的支持。然后,向客户说明问题原因,表示出现这类问题不在我们的保修范围内。再根据客户的问题,向客户提供其他的解决方案。

二 汽车配件售后服务的作用

1. 最大限度地发挥汽车配件的使用价值

汽车的使用寿命周期由初期使用、正常使用、大中修理、后期使用、逐渐报废所组成。对于专业运输企业和工、矿企业所使用的专业运输车辆,配件消耗在使用寿命周期内有如下规律性。

(1)初期——正常运行期。维护用配件处于正常消耗阶段。

(2)二期——使用故障期。在此期间事故件消耗上升。

(3)三期——中修期。在此期间,以磨损消耗的配件为主,例如发动机高速运动部位的零部件。

售后服务的作用

(4)四期——大修期。在此期间,以磨损消耗的配件为主,例如发动机、离合器、变速器等部位的零部件。

(5)五期——混合期。在此期间,主要是定期维护用配件和磨损消耗的配件以及由于大、中修质量影响造成返修所消耗的配件。

(6)六期——二次大修期。在此期间,除消耗第一次大修用配件外,底盘要全部检修,更换部分零部件。这部分零部件一般不属于正常磨损,而是由于检查、调整不及时造成的,主要是滚动轴承损坏而导致齿轮损坏。而此,必须在第一次大修时对底盘各部总成进行全面检查和调整。

(7)后期——逐渐报废期。在此期间配件消耗下降,配件储备处于紧缩阶段。

根据以上分析,可以看出,配件消耗是以不同使用时期的不同消耗为重点的动态增减,它反映了配件消耗规律的普遍性,是一种函数关系,是符合车辆使用寿命周期规律的。配件储备定额应与所述函数关系建立对应关系,加上一定的安全储备量,这就是动态储备定额。按定额储备配件就能满足车辆在不同使用时期配件消耗的需要。这样既保证了维修车辆配件消耗的需要,又相对节省了储备资金,同时避免配件积压和报废损失,汽车配件经营企业为客户提供及时、周到、可靠的服务,可以保证客户所购汽车配件的正常使用,最大限度地发挥汽车配件的使用价值。

2. 提升客户满意度，增强企业的竞争力

企业要做大做强，仅仅依靠生产和销售质量过硬的产品还远远不够，服务因素已成为市场竞争的新焦点。因此，服务满意度高的企业，在激烈的市场竞争中会取得非常明显的优势地位。近年来，各大汽车厂家都在不遗余力地为消费者打造标准统一的服务体系。随着市场竞争日益激烈，汽车厂家和经销商深深地意识到，只有通过严谨、完善、周到、优质的售后服务，培养出较高的客户满意度，才能形成良好稳定的客户关系，才能在日趋白热化的市场拼杀中博得一席之地。

我国乘用车市场竞争日趋激烈，汽车厂商整车利润越来越微薄，由于保有量的增加，售后服务市场成为新的利润增长点，而售后服务中最大份额的就是汽车配件的供应服务。作为典型服务产品，为客户提供重复性地维修服务，更需要客户满意思想来指导经营。只有通过了解客户满意状况并不断地提升客户满意度，才能减少客户流失，增加售后服务的营业收入，增强企业的竞争力。

3. 收集客户和市场的反馈信息，为企业正确决策提供依据

售后服务不仅可以使企业掌握客户的信息资料，还可以广泛收集客户意见和市场需求信息，为企业经营决策提供依据，使企业能按照客户意见和市场需求的变化进行决策，从而提高决策的科学性、正确性，减少风险和失误。

三 汽车配件售后服务的内容

售后服务内容

1. 建立客户档案

1）客户档案原始资料

客户档案原始资料是客户档案的基础内容，常见的客户档案原始资料主要有：交易过程中的合同、谈判记录、可行性研究报告和报审及批准文件；客户的企业法人营业执照、事业法人营业执照的副本复印件；客户履约能力证明资料复印件；客户的法定代表人或合同承办人的职务资格证明、个人身份证明、介绍信、授权委托书的原件或复印件；客户担保人的担保能力和主体资格证明资料的复印件；双方签订或履行合同的往来电报、电传、信函、电话记录等书面材料和视听材料；签证、公证等文书材料；合同正本、副本及变更、解除合同的书面协议；标的的验收记录；交接、收付标的、款项的原始凭证复印件。在对客户档案资料进行保管分析的过程中，各类原始资料的保管和整理是最基本的工作，这是因为在交易过程中逐渐形成的客户档案原始资料是非常多的,为了避免今后的经济纠纷,这些书面的原始档案资料应该被完好地保存起来,切实防范企业与客户经济往来中发生的合同风险、法律风险和信用风险。

2)客户资信调查报告

客户资信调查报告是客户档案的核心内容,它是在对客户档案原始资料进行整理和分析基础上形成的综合反映客户资信情况的档案材料。从资信调查报告的形成过程和主要用途来看,它是由企业资信调查人员撰写的一种反映客户信用动因和信用能力的综合报告,是详细记录客户资信信息的载体。资信调查报告的主要内容有:被调查公司的概况;股东及管理层情况;财务状况;银行信用;付款记录;经营情况;实地调查结果;关联企业及关联方交易情况;公共记录;媒体披露及评语;对客户公司的总体评价;给予客户的授信建议等。此外,资信调查报告还可以包括经过分析得到的分类类别、交易的趋势、客户的购买模式和偏好特征等内容。企业资信调查报告的格式没有严格的规定,在实践中可以根据企业的具体情况选择不同的格式,通常在撰写过程中可以参考专业资信调查机构的标准报告来进行。

3)个人客户档案建立

个人客户档案信息主要包括如下方面。

(1)个人客户的一般信息:姓名、性别、年龄、地址、电话等。

(2)交易信息:订单、咨询以及投诉等。

(3)购物信息:曾购买过什么商品、购买习惯、购买数量以及购买频率等。

(4)个人客户对促销活动的态度及建议。

(5)个人客户对店铺产品及服务的满意程度。

建立客户档案的要求包括:档案内容必须完整、准确;档案内容的变动必须及时;档案的查阅、改动必须遵循有关规章制度;档案及资料的保密性。

2. 对客户进行分类

客户分类是基于客户的属性特征所进行的有效性识别与差异化区分。客户分类是以客户属性为基础的应用。

汽车配件经营企业一般在建立客户档案,并对客户进行调查分析的基础上,对客户进行分类。

(1)A类客户。资信状况好、经营作风好、经济实力强、长期往来成交次数多、成交额较大、关系比较牢固的基本往来户。

(2) B 类客户。资信状况好、经济实力不太强,但也能进行一般的交易,完成一定购买额的一般往来户。

(3) C 类客户。资信状况一般、业务成交量较少,可作为普通联系户。

对于不同类别的客户,要采取不同的经营策略,优先与 A 类客户成交,在资源分配和定价上适当优惠;对 B 类客户要"保持"和"培养";对 C 类客户则应积极争取,加强联系。

3. 保持与客户的联系

客户保持是指企业通过努力来巩固及进一步发展与客户长期、稳定关系的动态过程和策略。客户保持需要企业与客户相互了解、相互适应、相互沟通、相互满意、相互忠诚,这就必须在建立客户关系的基础上,与客户进行良好的沟通,让客户满意,最终实现客户忠诚。

对企业而言,客户保持比吸引新客户的成本更低。据统计,吸引一个新客户所需要花费的成本是维护一个老客户所需成本的 5~10 倍。

(1) 了解客户的需求。应了解客户在汽车配件使用中有什么问题,或者客户还有哪些需求。

(2) 专心听取客户的要求并作出答复。

(3) 多提问题,确保完全理解客户的要求。

(4) 总结客户的要求。在完全理解了客户的要求以后,还要进行归纳,填写"汽车配件客户满意度调查表"。

(5) 对于 A、B 两类客户,可定期或不定期召开客户座谈会,或邀请他们参加本企业的一些庆典或文化娱乐活动,加深与他们的联系。

4. 便捷的物流配送

配送运输通常是一种短距离、小批量、高频率的运输形式,它以服务为目标,以尽可能满足客户要求为优先。如果单从运输的角度看,它是对干线运输的一种补充和完善,属于末端运输、支线运输,主要由汽车运输进行,具有城市轨道货运条件的可以采用轨道运输,对于跨城市的地区配送可以采用铁路运输,或者在河道水域通过船舶进行运输。配送运输过程中,货物可能是从工厂等生产地仓库直接送至客户,也可能通过批发商、经销商或由配送中心、物流中心转送至客户手中。

便捷的配送运输可以帮助客户实现低库存或零库存;解脱大量储备基金用来开发新业务;提高物流服务水准,简化手续,方便用户;完善干线运输的社会物流功能体系;扩大企业的产品市场占有率。

5. 质量保证

三包政策是零售商业企业对所售商品实行"退货、更换、维修"的简称。它具体是指商品进入消费领域后,卖方对买方所购物品负责而采取的在一定限期内的一种信用保证办法。对不是因用户使用、保管不当,而属于产品质量问题而发生的故障提供该项服务。

对售出的配件实行质量"三包",维护了客户的权益,降低了客户的风险,而且也提高了企业的信誉,从而可以刺激经营。

6. 了解配件使用信息

(1)了解客户车辆状况,主要了解客户拥有的车型、车数、购买时间和使用状况。

(2)找出客户配件消耗的规律和汽车的使用寿命周期。

(3)协助客户合理储备配件。

第二节 汽车配件质量的鉴别

一 目测法鉴别汽车配件质量

目测法可采用"13看"来鉴别汽车配件质量。

1. 看包装

从包装上识别假冒伪劣配件并不容易,因为"高明"的造假者往往以假乱真,而且产品种类层出不穷。但是,如果仔细观察,还是可以对低劣假冒配件加以分辨。一般来说,原厂配件包装比较规范,统一标准规格,印字字迹清晰正规,套印色彩鲜明,标有产品名称、规格型号、数量、注册商标、厂名、厂址以及电话号码等,有合格证和检验员章,有的厂家还在配件上打出自己的标记。一些重要部件和总成类,如传感器、点火控制模块、发电机等,出厂时一般带有说明书、合格证,以指导用户使用、维修以及安装;若无这些,则多为假冒伪劣产品。

2. 看外表

合格的配件表面,印字或铸字及标记清晰正规,既有一定的精度,又有锃亮的粗糙度,越是重要的配件,精度越高,包装防锈防腐越严格。选购时若发现零件有锈蚀斑点或橡胶件龟裂、失去弹性或轴颈表面有明显车刀纹路,应予退换。此外,还要注意配件几何尺寸有无变形,有些零件因制造、运输、存放不当易产生变形。

3. 看材料

正宗产品的材料是按设计要求采用优质材料,而伪劣产品多用廉价低劣材料。汽车配件在存放中,由于材料本身材质、储存环境、储存时间等原因,容易引起干裂、氧化、变色、老化等物理现象。如果经销商售卖的零件上有锈蚀斑点,橡胶件出现龟裂、老化现象,接合处有脱焊、脱胶现象,这样的配件多半有问题,要谨慎购买。

4. 看油漆

不法商人将废旧配件经简单加工,如拆、装、拼、凑、刷漆等处理后,再冒充合格品出售,拨开表面油漆后则能发现旧漆。

5. 看工艺

低劣产品外观有时虽然不错,但由于制作工艺差或故意漏工艺工序,其机械性能下降,容易出现裂纹、砂孔、夹渣、毛刺或碰伤。如汽缸垫挤压变形,使用时容易引起密封不严而烧蚀,导致漏油、漏气和漏水等现象。

鉴别金属机械配件,可以查看表面热处理情况。不同的表面热处理有不同的工艺痕迹,有不同的功用、不同的力学性能。所谓表面热处理,即电镀工艺、油漆工艺、电焊工艺、高频热处理工艺、激光、喷丸、电刷度、热熔等热处理。汽车配件的表面处理是配件生产的后道工艺,商品的后道工艺尤其是表面处理涉及很多现代科学技术。国际和国内的名牌大厂在利用先进工艺上投入的资金是很大的,特别是对后道工艺尤为重视。一些制造假冒伪劣产品的小工厂和手工作坊有一个共同特点,就是采取低投入掠夺式的短期经营行为,很少在产品的后道工艺上投入技术和资金,而且也没有这样的资金投入能力。

看表面处理具体有如下几个方面:

(1) 镀锌工艺。汽车配件的表面处理,镀锌工艺占比较大。一般铸铁件、锻铸件、铸钢件、冷热板材冲压件等大都采用表面镀锌。质量不过关的镀锌工艺,表面一致性很差;镀锌工艺过关的,表面一致性好,而且批量之间一致性也没有变化,有持续稳定性。明眼人一看,就能分辨真伪优劣。

(2) 油漆工艺。现在一般都采用电浸漆、静电喷漆,有的还采用真空手段和高等级静电漆房喷漆。采用先进工艺生产的零部件表面,与采用陈旧落后工艺生产出的零部件表面有很大差异。目测时可以看出,前者表面细腻、光泽、色质鲜明;而后者则色泽暗淡、无光亮,表面有气泡和"拖鼻涕"现象,用手抚摸有砂粒感觉。相比之下,真假非常分明。

(3)电焊工艺。在汽车配件中,减振器、钢圈、前后桥、车架、车身等均有电焊焊接工序。专业化程度很高的汽车配套厂的电焊工艺技术大都采用智能化或自动化焊接,能定量、定温、定速,有的还使用低温焊接法等先进工艺。产品焊缝整齐、厚度均匀、表面无波纹形、直线性好,即使是点焊,焊点、焊距也很规则,这一点哪怕再好的手工操作也无法做到。

(4)高频淬火处理工艺。汽车配件产品经过精加工以后才进行高频淬火处理,因此淬火后各种颜色都原封不动地留在产品上。如汽车万向节内、外球笼经淬火后,就有明显的黑色、青色、黄色和白色,其中白色面是受摩擦面,也是硬度最高的面。目测时,凡是全黑色和无色的,肯定不是高频淬火处理的。

(5)激光热处理工艺。激光热处理的表面有拉网状,很明显。不同的热处理方法有不同的表面情况,要注意总结归纳。

6. 看非使用面的表面伤痕

从汽车配件非使用面的伤痕,也可以分辨是正规厂生产的产品,还是非正规厂生产的产品。

表面伤痕是在中间工艺环节由于产品相互碰撞留下的。优质的产品是靠先进科学的管理和先进的工艺技术制造出来的。生产一个零件要经过几十道甚至上百道工序,而每道工序都要配备工艺装备,其中包括工序运输设备和工序安放的工位器具。高质量的产品有很高的工艺装备系数作保障,所以高水平工厂的产品在工艺过程中互相碰撞的概率较低。由此推断,凡在产品不接触面留下伤痕的产品,很大可能是小厂、小作坊生产的劣质品。

7. 看松动

由两个或两个以上零件组合成的配件,零件之间通过压装、胶接或焊接而成,不允许有松动现象。

8. 看装配记号

为保证配件的装配关系符合技术要求,一些正规零件表面刻有装配记号,比如正时齿轮记号、活塞顶部标记、液压阀箭头标记等装配标记,用来保证机件正确安装;若无记号或记号模糊则无法辨认,将给装配带来很大困难,甚至装错。

9. 看缺漏

正规的总成部件必须齐全完好,才能保证顺利装车和正常运行。一些总成件上的小零件漏装,可能是假冒伪劣产品,容易给装车造成困难,甚至可能因个别小配件短缺,造成整个总成部件报废。

10. 看防护层

一般来说,为了便于保管与防止零件磕碰,大多数汽车零部件出厂前都涂有防护层。如活塞销、轴瓦用石蜡保护;活塞环、汽缸套表面涂防锈油,并用包装纸包裹;气门、活塞等浸防锈油后用塑料袋封装或者用包装纸包裹。而假冒伪劣配件生产厂家由于生产工艺相对粗糙,通常不太注意一些细节上的处理,选购时若发现密封套破损、包装纸丢失,防锈油或石蜡流失,那么这些商品即便不是假冒伪劣产品,也是损坏产品,应慎买为妙。

11. 看证件

一些重要部件,特别是总成类,比如传感器、点火器、发电机等,出厂时一般带有说明书、合格证,以指导用户安装、使用和维护。

12. 看规格

大多数汽车配件都有规定的型号和技术参数。如选购电气设备时,应注意检查与被换零件的电压(12V 或 24V)、功率、接口是否一致,规格型号是否符合使用要求。选购汽车配件时,要查明其主要技术参数,特殊技术要求应符合使用要求。虽然有些外观相差无几,但稍不注意就无法安装,或留下故障隐患。

13. 看商标

要认真查看商标上的厂名、厂址、等级和防伪标志是否真实。因为对有短期行为的仿冒制假者来说,防伪标志的制作不是一件容易的事,需要一笔不小的支出。另外在商品制作上,正规的厂商在配件表面有硬印和化学印记,注明了零件的编号、型号、出厂日期,一般采用自动打印,字母排列整齐,字迹清楚,小厂和小作坊一般是做不到的。

(二) 用简单技术手段鉴别汽车配件质量

对一些无法用目测法确定质量状况的产品,可以采用简单技术手段鉴别。利用一些简单的计量工具、标准的产品样件,从产品的表面硬度是否合格、几何尺寸是否变形、总成部件是否缺件、转动部件是否灵活、装配标记是否清晰、胶接零件是否松动、配合表面有无磨损等方面通过测量、敲击、对比等方式确定产品质量。

1. 检视法

利用目测或简单的操作方式对汽车配件进行质量的鉴别，主要包括以下几个方面：

（1）表面硬度是否达标。配件表面硬度都有规定的要求，在征得厂家同意后，可用钢锯条的断茬去试划（注意试划时不要划伤工作面）。划时打滑无划痕的，说明硬度高；划后稍有浅痕的，说明硬度较高；划后有明显划痕的，说明硬度低。

（2）接合部位是否平整。配件在搬运、存放过程中，由于振动、磕碰，常会在接合部位产生毛刺、压痕、破损，影响零件使用，选购和检验时要特别注意。

（3）几何尺寸有无变形。有些零件因制造、运输、存放不当，易产生变形。检查时，可将轴类零件沿玻璃板滚动一圈，通过检查零件与玻璃板贴合处有无漏光来判断是否弯曲。如选购离合器从动盘钢片或摩擦片时，可将钢片、摩擦片举在眼前，观察其是否翘曲；选购油封时用手来回搓几下乌黑发亮，没毛刺飞边，带骨架的油封端面应呈正圆形，能与平板玻璃贴合无挠曲，无骨架油封外缘应端正，无毛刺，用手搓乌黑发亮，用手握使其变形，松手后应能恢复原状；选购各类衬垫时，也应注意检查其几何尺寸及形状。

（4）总成部件有无缺件。

（5）转动部件是否灵活。在检验机油泵等转动部件时，用手转动泵轴，应感到灵活、有吸力、无卡滞。检验滚动轴承时，一手支撑轴承内环，另一手打转外环，外环应能快速自如转动，无沙哑声，然后逐渐停转。若转动零件发卡、转动不灵，说明内部锈蚀或产生变形。

（6）装配记号是否清晰。

（7）接合零件有无松动。由两个或两个以上的零件组合成的配件，零件之间是通过压装、胶接或焊接的，它们之间不允许有松动现象。如油泵柱塞与调节臂是通过压装组合的；离合器从动毂与钢片是铆接接合的；摩擦片与钢片是铆接或胶接的；纸质滤清器滤芯骨架与滤纸是胶接而成的；电气设备是焊接而成的。检验时，若发现松动，应予以调换。

（8）配合表面有无磨损。若配合零件表面有磨损痕迹或涂漆配件拨开表面油漆后发现旧漆，则多为旧件、翻新件。当表面磨损、烧蚀，橡胶材料变质时，在目测看不清楚的情况下,可借助放大镜观察。

2. 敲击法

判定大壳体和盘形铸件零件是否有裂纹、用铆钉连接的零件有无松动以及轴承合金与钢片的接合是否良好时,可用小锤轻轻敲击并听其声音。如果发出清脆的金属声音,说明零件状况良好;如果发出的声音沙哑,可以判定零件有裂纹、松动或接合不良。

浸油锤击是一种探测零件隐蔽裂纹最简便的方法。检查时,先将零件浸入煤油或柴油中片刻,取出后将表面擦干,撒上一层白粉(滑石粉或石灰),然后用小锤轻轻敲击零件的非工作面,如果零件有裂纹,通过振动会使浸入裂纹的油渍溅出,裂纹处的白粉呈现黄色油迹,便可看出裂纹所在。

3. 比较法

用标准零件与被检零件做比较,从中鉴别被检零件的技术状况。例如,气门弹簧、离合器弹簧、制动主缸弹簧和轮缸弹簧等,可以用被检弹簧与同型号的标准弹簧(最好用正厂件)比较长短,即可判断被检弹簧是否符合要求。

4. 测量法

借助测量工具,用正确的方法测量标准尺寸。在此不做赘述,参看工具的使用方法即可。

5. 试装法

这是检查配套件或技术配对件是否匹配、质量是否合格、是否拿错配套件的最好方法。如检查某销轴,就可用销轴套试装一下。杜绝拿错易混或配套配件。

 进口配件的鉴别

由于众多进口汽车的车牌、车型繁杂,而某一具体车型的实际保有量又不多,所以,除正常渠道进口的配件外,各种假冒伪劣产品也大量涌现,甚至转卖伪劣汽车配件以牟取暴利的现象屡见不鲜。汽车维修和配件销售企业采购人员只有了解并熟悉国外汽配市场中的配套件(OEM Parts)、纯正件(Genuine Parts)、专厂件(Replacement Parts)的商标、包装、标记及相应的检测方法和数据,才能做到有的放矢,保护好自身和消费者的正当权益。到货后,一般应"由外到里,由大包装到小包装,由外包装到内包装,由包装到产品标签,由标签到封签,由零件编号到实物,由产品外观质量到内在质量"逐步进行详细检查验收,具体总结为"8 看"。

（1）看外部包装。一般原装进口配件的外部包装多为7层胶合板或选材较好、做工精细、封装牢固的木板箱，纸箱则质地细密、紧挺不易弯曲变形、封签完好；外表印有用英文注明的产品名称、零件编号、数量、产品商标、生产国别、公司名称，有的则在外包装箱上贴有反映上述数据的产品标签。

（2）看内部包装。国外产品的内部包装（指每个配件的单个小包装盒），一般都用印有该公司商标图案的专用包装盒。

（3）看产品标签。日本的日产、日野、三菱、五十铃等汽车公司的正品件都有"纯正部品"的标签，一般印有本公司商标及中英文的公司名称、英文或日文配件名称编号（一般为图号），有"MADE IN JAPAN"（日本制造）及长方形或正方形标签，而配套件、专厂件的配件的标签无"纯正部品"字样，但一般有用英文标明适用的发动机型号或车型、配件名称、数量及规格、公司名称、生产国别，同时，标签形状也不限于长方形或正方形。

（4）看包装封签。进口配件目前大多用印有本公司商标或检验合格字样的专用封签封口。例如，德国ZF公司的齿轮、同步器等配件的小包装盒的封签，日本大同金属公司的曲轴轴承的小包装盒的封签，日产公司的纯正件的小包装盒的封签，五十铃公司纯正件的小包装封签等。也有一些公司的配件小包装盒直接用标签作为小包装盒的封签，一举两得。

（5）看内包装纸。德国奔驰汽车公司生产的金属配件一般用带防锈油的网状包装布进行包裹，而日本的日产、三菱、日野、五十铃等汽车公司的纯正件的内包装纸均印有本公司标志，并用一面带有防潮塑料薄膜的专用包装纸包裹配件。

（6）看外观质量。从日本、德国等地进口的纯正件、配套件及专厂件，做工精细，铸铁或铸铝零件表面光滑，精密无毛刺，油漆均匀光亮。而假冒产品则铸造件粗糙，喷漆不均匀，无光泽，真假两个配件在一起对比有明显差别。

（7）看产品标记。原装进口汽车配件，一般都在配件上铸有或刻有本公司的商标和名称标记。例如，日本自动车工业株式会社生产的活塞则在活塞内表面铸有凸出的IZUMI字样；日本活塞环株式会社（NPR）的活塞环在开口平面上，一边刻有N，另一边刻有1NK7、2NK7、3NK7、4NK7字样；日本理研株式会社（RIK）的活塞环在开口处平面上一边刻有R。

（8）看配件编号。配件编号也是签订合同和配件验收的重要内容。各大专业生产厂都有本厂生产的配件与汽车厂配件编号的对应关系资料，配件编号一般都刻印或铸造在配件上（如德国奔驰纯正件）或标明在产品的标牌上，而假冒配件一般无刻印或铸造的配件编号。在配件验收时，应根据合同要求的配件编号或对应资料进行认真核对。

针对近年来汽配市场出现假冒进口汽车配件的实际问题,经营者必须详细了解并熟悉国外主机厂、配套厂、专业厂的商标、包装、标记及一般的检测方法和数据。

(四) 常见的假冒伪劣汽车配件的危害与鉴别

近年来,在利益驱使下,各种假冒伪劣汽车配件充斥市场,假冒的汽车配件与正宗的商品虽然在外观上相差不大,但在内在质量和性能上悬殊,车辆装用假冒伪劣配件后会给车主造成极大的损失,轻者返工复修造成经济损失,重则危及行车安全,甚至造成交通事故。比如,有些机油的质量不过关,只会损坏发动机,使其使用寿命缩短,但如果制动摩擦片、油管造假,就不仅是汽车性能方面受到影响,甚至会导致重大交通事故。据公安部交通管理局统计,近几年全国每年发生的交通事故都在30万起以上,其中有三成事故是由制动失灵造成的,而劣质制动摩擦片又是造成制动失灵的主要原因。了解一些常见的假冒伪劣汽车配件的危害与鉴别,对配件订货采购人员而言是非常必要的。

(五) 常见配件的质量鉴别

1. 燃油滤清器

纯正件特征为:材料及工艺考究,滤纸质感好,粗细均匀,有橡胶密封条;能有效过滤汽油中可能存在的杂质颗粒,与燃油管匹配精确。假冒件特征为:构造粗糙,滤纸低劣,疏密不匀,无橡胶密封条;过滤效果差,与燃油管的匹配精度低。图 6-1 所示为真假燃油滤清器的对比,图 6-2 所示为燃油滤清器的鉴别。

图 6-1　真假燃油滤清器对比

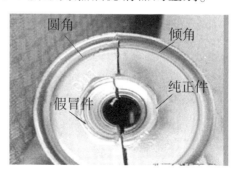

图 6-2　燃油滤清器的鉴别

使用假冒件的危害：假冒件过滤效果差，可能会引起汽油泵及喷油嘴等部件的过早损坏，导致发动机出现工况不良、动力不足及油耗增加等情况。

2. 机油滤清器

纯正件特征为：采用专业的滤纸材料，过滤性能良好，有可靠的回流阻止机构。假冒件特征为：内部材料及制造工艺粗糙，过滤性能差；无回流阻止机构或机构不可靠。图6-3所示为真假机油滤清器的对比。

使用假冒件的危害：假冒件由于过滤效果差，容易引起曲轴及轴瓦等主要部件的过早磨损，大大缩短发动机的使用寿命。

3. 空气滤清器

纯正件特征为：制造材料优质，密封效果好，除尘效率高，可为发动机发挥最佳工作性能提供保障。假冒件特征为：材料粗糙，过滤效果差，匹配精度低，不能有效地滤除空气中的悬浮颗粒物。图6-4所示为原厂、副厂空气滤清器的对比。

图6-3 真假机油滤清器对比

图6-4 原厂、副厂空气滤清器的对比

使用假冒件的危害：假冒件密封效果差，杂质颗粒容易被吸进发动机中，轻则加速发动机汽缸和活塞的磨损，重则造成汽缸拉伤，缩短发动机的使用寿命。

4. 火花塞

空气滤清器的真假鉴别

纯正件特征为：采用了优质金属材料，侧面电极是一体加工完成的，并非焊接上去，间隙均匀，采用了优质金属材料，导热性能出色，即使在车速到达200km/h时，电极的温度也只有800℃；内部都会有专门设计的电阻，以减少外界电波的干扰。假冒件特征为：绝缘材质差，甚至有气孔，防导电的性能也相对较弱，并且内部一般不会安装电阻，所以容易受到外界电波干扰；电极间隙一般不够均匀，绝缘体使用的材料也不够好，导热性能差；车速超过130km/h后电极温度已到达1100℃，临近电极熔断点。图6-5所示为真假火花塞的对比。

使用假冒件的危害：由于火花塞的工作环境是高温高压，所以伪劣产品的电极非常容易烧蚀，造成电极间隙过大，火花塞放电能量不足，导致冷起动困难，发动机内部积炭增多，起步、加速性能下降，油耗增加。

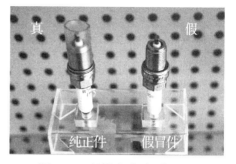

图 6-5　真假火花塞对比

5. 制动摩擦片

纯正件特征为：正规厂家生产的制动摩擦片包装印刷比较清晰，上面有许可证号，还有指定摩擦系数、执行标准等；包装盒内则有合格证、生产批号、生产日期等；采用先进材料制作而成，可最大限度地降低制动盘的磨损和热损；制动性能稳定可靠保证车辆能安全、精准地停车。假冒件特征为：厚度及形状通常与真品不一致，材质手感粗糙，噪声和振动大，质量和制动性能不稳定。图 6-6、图 6-7 所示为真假制动摩擦片的对比。

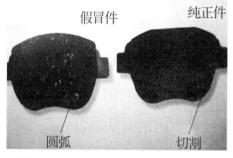

图 6-6　真假制动摩擦片对比（一）

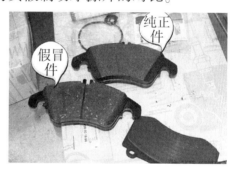

图 6-7　真假制动摩擦片对比（二）

使用假冒件的危害：使用假冒制动摩擦片，可能引起制动力不足或制动失灵等情况发生，导致车辆不能正常制动，危及行车安全。

6. 正时皮带

纯正件特征为：采用优质复合材料制作，无明显气味，制造工艺精良，匹配精度高，抗疲劳性能强。假冒件特征为：制造材料及工艺粗糙，有一股臭胶味，匹配精度差，容易磨损和断裂。

制动摩擦片的真假鉴别

使用假冒件的危害：假冒正时皮带使用寿命短，影响发动机工况，高速行驶时安全隐患较大。

7. 机油

机油是发动机的润滑油。一台发动机工作质量的好坏与寿命的长短，在很大程度上取决于机油量的多少和质量的优劣。

使用假冒件的危害：劣质机油不但不能保护发动机，还易造成发动机拉缸、烧瓦，除此之外，还容易造成突发故障，危及安全，出事后不能获得车辆生产厂家承诺的各项售后服务；噪声大，气门可能有异响，严重的可能造成冷却液温度偏高，进而使机油温度升高，严重损害发动机部件；发动机容易发烫、机油黏度小，零部件坏得快，一般油耗会大，发动机抖动严重。

图6-8 真假机油对比

由于机油是汽车维护中最常用的消耗品，下面简单介绍机油的鉴别技巧。真假机油对比如图6-8所示。

（1）观察颜色。

国产正牌散装机油多为浅蓝色，具有明亮的光泽，流动均匀。凡是颜色不均、流动时带有异色线条者均为伪劣或变质机油，若使用此类机油，将严重损害发动机。进口机油的颜色为金黄略带蓝色，晶莹透明，油桶制造精致，图案字码的边缘清晰、整齐，无漏色和重叠现象，否则为假货。

观察油样时，先观察其是否澄清透明、混浊，有悬浮物、沉淀物、有颗粒杂质的机油，肯定不是合格产品。对机油的颜色要做具体分析，因内燃机机油是由基础油加入几种颜色较深的添加剂调和而成的，添加剂加量范围为3%～12%，故通常对同一黏度级别油来说，高档油的添加剂加量较大，颜色较深，中、低档油添加剂加量少，颜色较浅；对同一质量等级的油品来说，单级油较多级油的颜色要深一些。有人认为颜色浅的机油是好油，这是不准确的。还有人习惯用手指来触试机油黏度，这也是不科学的。

（2）闻气味。

合格的机油应无特别的气味，只略带芳香。凡是对嗅觉刺激大且有异味的机油均为变质或劣质机油，绝对不可使用。

针对使用中的机油质量，鉴别方法如下。

（1）搓捻鉴别。

取出油底壳中的少许机油，放在手指上搓捻。搓捻时，如有黏稠感觉，并有拉丝现象，说明机油未变质，仍可继续使用，否则应更换。

（2）油尺鉴别。

抽出机油标尺对着光亮处观察刻度线是否清晰，当透过油尺上的机油看不清刻线时，则说明机油过脏，需立即更换。

(3) 倾倒鉴别。

取油底壳中的少量机油注入一容器内,然后从容器中慢慢倒出,观察油流的光泽和黏度。若油流能保持细长且均匀,说明机油内没有胶质及杂质,还可使用一段时间,否则应更换。

(4) 油滴检查。

在白纸上滴一滴油底壳中的机油,若油滴中心黑点很大,呈黑褐色且均匀无颗粒,周围黄色浸润很小,说明机油变质应更换。若油滴中心黑点小而且颜色较浅,周围的黄色浸润痕迹较大,表明机油还可以使用。

(5) 看包装外观。

新机油包装外观干净漂亮,无油污尘迹,封口盖是一次性盖子,缺口处有封口锡纸,锡纸上均有厂家特殊标记。若无这些特点,则有可能是假油。另外,名牌机油为防假冒,在标签贴纸、罐底、罐盖内侧、把手等不显眼处均有特殊标记,如果不法分子自订包装造假,只要对比一下真假包装就可分辨。

以上检查均应在发动机停机后、机油还未沉淀时进行,否则有可能得不到正确结论。因为机油沉淀后,浮在上面的往往是好的机油,这样检查的只是表面现象,而变质机油或杂质存留在油底壳的底部,从而可能造成误检。

拓展小知识:常见品牌机油的小常识

1. 嘉实多油

(1) 包装桶质比较硬,不易变形。外包装生产日期不易擦掉。假的油墨容易擦掉,真油不易擦掉。真机油的油桶倒置不易渗漏。

(2) 嘉实多机油的油质细滑色泽纯亮,如加嘉实多宝机油的油质为红色。

(3) 嘉实多机油的特点在散热和抗氧化方面有独到之处,如嘉实多多宝特别适用依维柯车系,同样德乐系列在柴油车方面更有独到表现。

2. 壳牌机油

(1) 包装桶提手上部有一个用手可以摸出的鼓包,油的封口压点均匀。

(2) 桶盖的封条可轻轻撕开,拨打免费查询电话,输入16位数字验证机油真伪。

(3) 壳牌机油的油质有一种特殊的刺鼻味道,手感有黏度。

(4) 壳牌机油在清洁和密封方面有独特的功效,适用于发动机轻微磨损的车。

3. 美孚机油

(1) 美孚机油包装桶背面的上部有1L mobil的白字,涂抹不会掉色。

(2)提手内部有小颗粒的感觉。

(3)美孚机油在润滑及保护方面有出色的表现。

4. 长城机油

(1)油桶的底部有生产的年月日和几点几分,而假油只有年月日,无几点几分。而且假油上面的油墨容易擦掉,真油不易擦掉。真机油的油桶倒置不易渗漏。

(2)油桶封口红盖与红色大圈有四个连接点,假油则没有。可以打电话查询灌装号。

(3)长城机油的油质为透明金黄色,无杂质感。

8. 其他配件

1) 前照灯

汽车配件市场上假冒轿车灯相当多,使得部分消费者容易上当受骗。可用一个简单的方法识别前照灯灯芯:将灯芯放入有水的容器中,过十几分钟后,看有无水进入灯芯内,如果有,就是假冒伪劣产品。另外,从外观上看,正品表面光洁、角度准,而假冒品表面粗糙、不易安装。

2) 防冻液

假防冻液外包装非常逼真,但在打开瓶盖后瓶颈上有溢漏的痕迹,这是因为制假厂家灌装设备达不到标准。真防冻液无溢漏状况。假防冻液腐蚀性过大,危害严重,甚至会出现腐蚀发动机缸体的情况。

3) 制动主缸

正品有色标、生产编号,外观粗糙,内部精细,制动皮碗耐腐蚀,制动性能好。假冒产品则表面光洁内部不精细,无色标,无编号,皮碗耐腐蚀差。

第三节 汽车配件客户关系管理

客户关系管理(CRM)是一种现代化的管理理念和方法,它产生于20世纪90年代。随着信息技术和现代管理学的发展,客户关系管理在世界范围内有着非常广泛的应用,我国很多企业树立了"以客户为中心"的理念,引入了CRM系统,进行有效的战略管理,并取得了一定的成绩。汽车配件企业属于传统产业,近年来随着市场经济体系的逐渐完善有了快速的发展,企业数量和规模在不断扩大,行业间的竞争日趋激烈。如何吸引客户、保持客户、充分发掘客户价值成为汽车配件企业关注的焦点。

通过实施客户关系管理,可以改进和完善工作流程,大幅提高工作效率,更重要的是稳定与客户的关系,提高企业的核心竞争力。我国汽车零配件企业在客户关系管理方面刚刚起步,在诸多领域存在一定的问题和不足,主要表现在重视程度不够、观念上存在偏差、市场渠道不完善、信息管理不科学、绩效评估缺乏系统性等。如何解决这些问题,加快客户关系管理的发展,已经成为一个亟待解决的问题。

1. 客户关系管理的起源

客户关系管理起源于 20 世纪末期,由美国学者首先提出。严格地说,客户关系管理是一种思维,是现代化的理念,其产生和发展有着深刻的历史根源,属于现代管理学和营销学不断发展的产物,也是信息技术发展的结果,从本质上看,它符合现代管理的实际需要。

首先,客户关系管理是现代管理学不断发展的结果,更加严格地说,是市场营销理论的产物。虽然客户关系管理将核心放在了客户方面,并且依赖信息技术,但是从根本上仍然属于市场营销领域,只不过与传统的理论相比较,它的侧重点发生了变化——以客户为导向。因此,客户关系管理是管理学和市场营销学相关理论的发展和延伸。

其次,客户关系管理是市场经济和社会化大生产发展的产物。随着世界经济一体化的不断发展,市场经济体系逐渐完善,市场之间的壁垒越来越少,和以前相比,每一个企业拥有更多可供选择的客户,而另一方面客户也同样可以选择更多的企业,两者选择的范围和空间都在扩大。在这种情况下,企业与客户之间关系会更加复杂,前者更关心后者的需求和意愿,更加追求与之沟通互动,需要的相关信息也更加丰富,而企业原有的管理模式不能满足这种需要,于是借助信息技术的客户关系管理也就应运而生。

再次,客户关系管理是信息技术发展的产物。客户关系管理属于现代化管理方式,其运作实施主要依靠信息化的系统,而该系统所包含的软硬件体系是现代计算机技术和网络技术发展的产物。20 世纪 90 年代以来,信息技术在世界范围内有了广泛和深刻的发展,这种发展在给人们的生产生活带来极大的方便和影响的同时,也为现代管理学提供了良好的平台,网络、数据库、计算机广泛应用在市场营销领域,收集信息、分析客户,最终形成了客户关系管理系统。

2. 汽车配件企业面临的社会市场环境

中国加入世界贸易组织（WTO）后，国内汽车市场将逐步放开，长期受到国家高关税和进口许可证、配额等政策保护的汽车工业受到极大冲击。随着跨国汽车巨头相继完成在华投资布局，在华汽车配件生产开始出现本土化浪潮，吸引了一批跨国汽车配件巨头来华投资设厂，我国开始成为世界汽车配件生产工厂，从而进一步对我国汽车配件工业形成冲击。受开发能力、质量及价格因素的影响，配件工业将受到极大的挑战。据统计，在全国5000多家汽车配件企业中，目前已有1200多家是外商投资企业，占比超过1/5，跨国汽车配件集团在华独资和合资企业在我国已形成不小的规模。据专家称，进入我国市场的跨国汽车配件集团，许多都是世界500强企业，它们在带来技术和资本的同时，为国内汽车配件市场导入了先进管理理念和经营模式。

随着外资汽车配件企业在华业务范围的逐步扩大，我国汽车配件企业正面临着前所未有的竞争压力。相对而言，外资汽车配件企业具备更为雄厚的资金实力、丰富的管理经验和先进的技术手段。改革开放以来，我国汽车配件工业虽然得到了很大发展，但与发达国家相比仍存在较大差距，缺乏国际竞争能力，主要表现在以下几个方面。其一，汽车配件产业结构不合理，产品竞争力弱，专业化水平低，社会化分工程度低。其二，投资力度不大，重复投资现象严重，产品开发能力弱。大部分企业不具备与主机同步的开发能力，产品标准化、系列化、通用化程度低。目前，我国具有高新技术的汽车配件产品还大多依赖于技术引进，而具有竞争力的汽车配件产品多属劳动密集型和原材料密集型产品。其三，部分汽车配件企业债务负担沉重，发展后劲不足，难以与国外大型汽车配件企业抗衡。我国加入WTO后，汽车配件的关税逐渐降到10%以下，很难再依靠关税保护等手段来限制汽车厂商选择配件的采购渠道，国外技术含量高、质优价廉的配件正成为国内厂家的首选目标，因此，我国配件企业面临的冲击比整车厂更直接、更严峻。

面对进一步开放的市场，国内汽车配件企业如何转变经营观念、深化服务内涵、改进服务手段，提高竞争能力将是21世纪中国汽车配件企业能否持续发展的关键，否则依赖原有的产品、服务方式将很难产生新的吸引力，经营效益的持续增长也将愈发困难。而要转变理念，中国汽车配件企业首先应搞清楚三个基本问题："谁是我们的客户""他们需要什么""我们能为他们提供什么"。在此基础上，再通过整合产品和渠道，为客户提供个性化服务。简单说，谁能在最短的时间找到最有价值的客户,同时通过便捷的交易方式为客户提供满意的产品和服务,谁就能保持可持续发展。外资企业、中资企业今后竞争的焦点表现在争夺中高端客户上,实质体现在企业营销理念和服务手段的差异上。因此,建立一个基于客户的竞争优势,才能在扩展新用户的同时,保留既有客户,达成客户的忠诚,留住有价值的客户,充分开发已有客户的业务需求,从而产生更大的商业价值。

3. 汽车配件企业的客户及特点

从整体上看,汽车配件企业的客户分为两类:一类是集团式的大客户,购买量和业务订单都很大;另一类是非集团式的小客户,也就是零星客户,其订单量一般比较小。此外,从配件企业客户的性质看,也可以分为两类:一类是直接使用的客户,另一类是运营商客户。前者可以一般指汽车生产企业,因为它们购买产品后直接用于汽车生产加工生产,后者一般指专门的经销商,购买后是为了再次销售。从目前情况来看,汽车配件业客户具有以下特点:

（1）汽车生产商是其主要客户。一般而言,汽车配件企业生产的产品,主要客户是汽车生产商,而汽车维修单位和经销商则占比较小。因为汽车生产是成批量的,所以对配件的需求也是大批量的,而经销商和维修商面对直接消费者——汽车用户时一般情况下是零星和个别的,因此整体需求是比较小的。基于此原因,汽车配件企业在客户关系管理上,一般确立自己的重点客户——汽车经销商,追求与其的长期合作,获取较稳定工程业务和收入。

（2）客户的服务需求变化非常快。这里的客户需求主要是指汽车生产商对产品的需求,这种需求又是被派生出来的,归根结底还有汽车用户的需求所决定的。此外,汽车生产企业的竞争也会对自身产品进行不断改进,导致对零配件需求的变化。

（3）客户一般比较固定,而且关系比较紧密。社会一般企业的产品或者是直接面对消费者或面对经销商,不管是哪一种,客户都是比较零散的,哪怕是经销商,由于数量较多且容易发生变化,不容易确定长期牢固的业务关系。这里,不排除比较稳定的客户关系,但是因为自身业务原因,零散、随意的客户总是占据相当大的比重。但汽车零配件企业不同,前面刚刚提到,它的客户一般都是汽车生产商,属于集团式的大客户,两者在汽车生产上存在一定的依赖关系,一旦形成合作关系,则比较稳固。因为保持着长期的业务关系,双方很容易建立比较紧密的联系,彼此间相互了解程度较高,掌握的信息也比其他客户充分一些。

4. 汽车配件企业客户关系管理的重点

一般来讲，企业与客户之间的关系是产品和服务的买卖关系，但对于汽车配件企业而言，其客户具有特殊性，可以形成相对稳定的业务合作关系，所以，可以在简单的销售与购买的基础上，进一步发展为更紧密、更高层次的伙伴关系。从客户角度来看，汽车配件企业与其关系按照层次从低到高可分为四类：单纯的卖主、被优先考虑的服务商、合作伙伴、战略联盟。对于汽车配件企业来讲，到底哪一项策略是客户关系管理战略中的重点呢？首先是留住老客户。汽车配件企业的客户一般都是集团性质的，失去一个客户就意味着失去一大批业务量。同时，往往不同的配件公司由于开展的业务有很大相似之处，故在一定程度上存在较强的竞争关系，彼此对对方的服务和工程技术有一定的了解，所以，失去一个公司的客户，也可能会影响到另一个客户。此外，我国汽车配件企业现有客户具有一定的地域性，而且数量较少，客户彼此之间也很熟悉，保留客户、稳定业务关系是非常重要的，如果留住老客户就意味着可能会吸引新客户，而失去老客户也可能失去潜在的市场。所以，延长客户生命周期，对于汽车配件企业来讲是非常重要的，其客户阶梯重点为合作伙伴——战略联盟。

战略联盟这种企业间组织形式为我国汽车配件企业与其上游供应商和其下游客户之间构建伙伴关系提供了理论上的框架。我国汽车配件企业现阶段的战略目标是：降低生产成本，提高产品质量，改善售后服务，提高产品竞争力和市场占有率。要实现这个战略目标，汽车配件企业最好先从组织形式上同其上游供应商和下游客户间分别建立良好的战略伙伴关系，可以用股权或契约的形式规定下来。建议汽车配件企业具体从以下几个方面做起。

(1)处理和完善上下游企业的相关信息，分别与上、下游企业建立伙伴关系。一方面，处理和分析由上游供应商提供的原材料品种、质量、价格、周期、供应商生产能力和研发能力的记录，择优选取合作对象，协商建立战略伙伴关系。另一方面，分析整理来自下游客户对配件品种、质量、价格、周期以及对本零部件企业的生产能力、研发能力的要求，同时征询汽车消费者对配件产品的意见和建议，最后综合全部信息，对零部件产品进行技术、工艺和产品创新，争取与现有客户之间经过沟通协商，都能建立稳定的战略伙伴关系。此外，再尽可能地利用其他多种渠道(譬如网上竞标投标形式)扩大客户资源，建立更多的战略伙伴级的客户关系。

(2)加强与上下游伙伴之间的沟通与协调，稳定供应商关系和客户关系。

伙伴企业之间除企业的高层管理者之间要不断沟通和协作之外,零部件企业的各部门员工也要分别与上下游企业各部门员工之间密切合作。譬如:可以促成本企业的销售组织同时和上游供应商和下游整车企业的销售组织共同分享市场信息和产品功能开发,以确保本企业能清楚地理解最终客户(即汽车消费者)的需求,使企业全体员工能清楚理解零部件产品在整个产品战略中的地位。也可邀请上游的原材料研发工程师和下游的整车研发工程师伙同本企业的研发工程师一道参与研发协作,或者促使本企业的研发人员主动投身到上、下游的研发活动中去。

(3)选拔和培训胜任供应商关系管理(SRM)和客户关系管理(CRM)的经理人员,不断优化升级 SRM 和 CRM。研究一些战略联盟之后发现,若没有正确及时的 SRM 和 CRM,伙伴企业之间就不能自发产生战略联盟效应、不能自发实现战略目标。因此,配件企业应该选拔出专职的关系管理人员分别管理供应商关系和客户关系,促进配件企业与上、下游企业之间多功能界面上的融合,加大各企业的关系性投资,使得上游供应商与其之间、其与下游客户企业之间的激励兼容逐步提高,从而形成一个各企业都有较强的意愿去帮助伙伴企业、都有足够的动力去重视价值链上的企业关系管理的合作氛围。鉴于目前人力资源市场上缺少足够的胜任企业关系管理的经理人才,配件企业要从内部认真选拔能够从事 SRM 和 CRM 的人才,并联合上下游伙伴企业的管理层分别制订两类关系管理的程序方法,作为在企业联盟内部培训关系管理者的依据,有条件的配件企业还可以派遣关系管理者到商学院中进修联盟关系管理技巧。

? 我思我想

诚 实 守 信

阅读《中华人民共和国消费者权益保护法》,了解经营者为消费者提供生产、销售、服务应履行的义务,以及对消费者造成侵害所承担的法律责任。

延伸讨论:假冒伪劣汽车配件会对车主造成极大的损失。你该如何用守法诚信之心做好汽车配件质量鉴别,提升客户满意度,增强企业竞争力?

一、基础知识

1. 什么是售后服务?具体内容如何?
2. 对于售后服务的危机应对,应注意哪些方面?

3. 汽车配件售后服务的作用是什么？

4. 汽车配件售后服务的内容是什么？

5. 常规配件如何鉴别真伪？

6. 什么是客户关系管理？其关键在于什么？

7. 汽车配件企业的客户及特点是什么？

8. 汽车配件企业客户关系管理的重点是什么？

二、能力考核

能力考核表见表6-1。

能力考核表　　　　　　　　　　　　表6-1

序号	考核内容	配分	评分标准	考核记录	扣分	得分
1	机油鉴别	30分	对外包装、机油质量、已使用机油质量进行鉴别，错误一项扣5分，鉴别理由不清一项扣3分			
2	空气滤清器、空调滤清器、燃油滤清器、机油滤清器鉴别	20分	对外包装、配件质量等进行鉴别，错误一项扣5分，鉴别理由不清一项扣3分			
3	其余常用配件鉴别	25分	对外包装、配件质量等进行鉴别，错误一项扣5分，鉴别理由不清一项扣3分			
4	安全	5分	操作安全事项，错误一项扣5分			
5	5S管理	10分	错误一项扣5分			
6	沟通表达	10分	错误一项扣5分			
7	分数统计	100分				

第七章

汽车配件保修索赔

> **学习目标**
>
> 通过本章的学习,你应能:
> 1. 知道汽车配件保修索赔的基本内容;
> 2. 熟悉汽车配件保修索赔的基本流程,每个流程的具体要求;
> 3. 正确完成汽车配件索赔的工作流程;
> 4. 通过对汽车配件保修索赔流程的不断学习,树立责任意识和服务意识,养成良好的职业素养。

建议学时

8学时。

工作情景描述

某汽车进厂维修,客户要求进行质保期内的保修索赔,根据汽车配件保修索赔流程,相关工作人员需完成接车、故障诊断、判断是否属于保修索赔、开具任务委托书、维修竣工、索赔资料整理、索赔件管理及回收、索赔结算整个工作过程。

学习引导

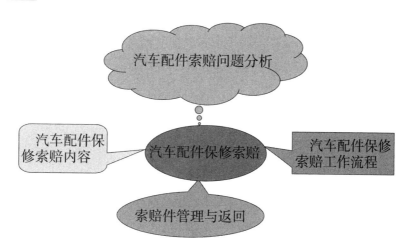

第一节 汽车配件保修索赔内容

汽车制造厂为汽车产品(包括整车和配件)提供有条件的保修索赔政策,为具有质量缺陷的产品提供服务,以方便消费者和树立企业品牌形象的汽车服务环节就叫汽车保修索赔。

各汽车制造厂保修索赔的具体规定尽管有些不同,但原则上没有大的区别。整车、配件的保修索赔期和保修索赔范围与内容包括如下方面。

一、保修索赔期

1. 整车保修索赔期

整车保修索赔期是指从车辆开具购车发票之日起的 24 个月内或车辆行驶累计里程 4 万 km 内,两条件以先达到为准(不同品牌车型规定不同,以实际为准)。即超出以上两范围之一者,该车就超出保修索赔期。整车保修索赔期如图 7-1 所示。

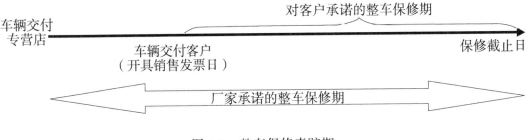

图 7-1　整车保修索赔期

2. 配件保修索赔期

由特约销售服务站免费更换安装的配件,其保修索赔期随整车保修索赔期结束而结束;由用户付费并由特约销售服务站更换和安装的配件,从车辆修竣后客户验收合格日和公里数算起,其保修索赔期为 12 个月或 4 万 km(以先到者为准)。

在此期间,因为保修而免费更换的同一配件的保修索赔期为其付费配件保修索赔期的剩余部分,即随着付费配件的保修索赔期结束而结束。配件保修索赔期如图 7-2 所示。

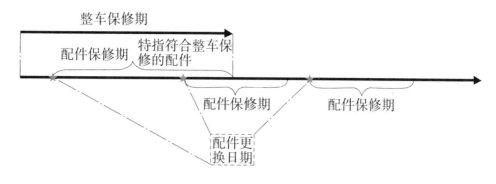

图 7-2　配件保修索赔期

 保修索赔的前提条件

（1）必须是在规定的保修索赔期内。
（2）用户必须遵守《保修维护手册》的规定，正确驾驶、维护、存放车辆。
（3）所有保修服务工作必须由汽车制造厂设在各地的特约销售服务站实施。
（4）必须是由特约销售服务站售出并安装或原车装在车辆上的配件，方可申请保修。

 保修索赔范围

（1）在保修索赔期内，车辆正常使用情况下整车或配件发生质量故障，修复故障所花费的材料费、工时费属于保修索赔范围。
（2）在保修索赔期内，车辆发生故障无法行驶，需要特约销售服务站外出抢修，特约销售服务站在抢修中的交通、住宿等费用属于保修索赔范围。
（3）汽车制造厂为每一辆车提供两次在汽车特约销售服务站进行免费维护，两次免费维护的费用属于保修索赔范围。

 不属于保修索赔的范围

（1）对于不具有《保修维护手册》，或发现《保修维护手册》上印章不全或发现擅自涂改《保修维护手册》的，汽车特约销售服务站有权拒绝客户的保修索赔申请。

从汽车制造厂特许经销商处购买的每一辆汽车都随车配有一本《保修维护手册》,该《保修维护手册》须盖有售出该车的特许经销商的印章以及购车客户签名后方可生效。

(2) 车辆正常例行维护和车辆正常使用中的损耗件不属于保修索赔范围,如润滑油、机油和各类滤清器;火花塞;制动摩擦片、离合器片;清洁剂、上光剂;灯泡;轮胎;刮水器片。

(3) 车辆因为缺少维护或未按《保修维护手册》上规定的维护项目进行维护而造成的车辆故障,不属于保修索赔范围。如未按规定更换变速器润滑油,而造成变速器故障。

客户每次做完维护后,服务站会在《保修维护手册》规定位置记录下维护情况并盖章,并提醒用户下次维护的时间和内容。

(4) 车辆不是在汽车制造厂授权服务站维修或者车辆安装了未经汽车制造厂售后服务部门许可的配件不属于保修索赔范围。

(5) 客户私自拆卸更换里程表或更改里程表读数的车辆(不包括汽车特约销售服务站对车辆故障诊断维修的正常操作)不属于保修索赔范围。

(6) 因为环境、自然灾害、意外事件造成的车辆故障不属于保修索赔范围,如酸雨、树胶、沥青、地震、冰雹、水灾、火灾、车祸等。

(7) 因为客户使用不当、滥用车辆(如用作赛车)或未经汽车制造厂售后服务部门许可改装车辆而引起的车辆故障不属于保修索赔范围。

(8) 间接损失不属于保修索赔范围。因车辆故障引起的经济、时间损失(如租赁其他车辆或在外过夜等)不属于保修索赔范围。

(9) 由于特约销售服务站操作不当造成的损坏不属于保修索赔范围。同时,特约销售服务站应当承担责任并进行修复。

(10) 在保修索赔期内,客户车辆出现故障后未经汽车制造厂(或汽车特约销售服务站)同意继续使用而造成进一步损坏,汽车制造厂只对原有故障损失(须证实属产品质量问题)负责,其余损失责任由用户承担。

(11) 车辆发生严重事故时,因客户未保护现场或因丢失损坏零件以致无法判明事故原因,汽车制造厂不承担保修索赔费用。事故原因应经汽车制造厂和有关方面(如保险公司等)鉴定,如属产品质量问题,汽车制造厂将按规定支付全部保修及车辆拖运费用。

(12) 车辆使用中未遵守《使用说明书》或《保修维护手册》的有关规定使用轿车、超负荷使用轿车(如用作赛车)或使用不当等造成的损坏。

(13)车辆装有未经许可使用的零部件或车辆未经许可改装过。

(14)交通事故造成的损坏。

(15)经销商必须使用厂家备件部提供的指定型号机油,否则不给予首次维护费用及办理发动机及相关备件的索赔。

(16)索赔期间的间接损失(车辆租用费、食宿费、营业损失等)均不予索赔。

其他保修索赔事宜

1.库存待售成品车辆的保修

对车辆因放置时间较长出现油漆变(褪)色、锈蚀、车厢底板翘曲变形等外观缺陷,由汽车制造厂索赔管理部批准后可以保修。保修工作由汽车制造厂设在各地的特约销售服务站完成。汽车制造厂会派出技术服务代表定期(至少每3个月1次)对中转库和代理商(经销商)展场的车辆进行检查,各地特约销售服务站配合。

2.保修索赔期满后出现的问题

对于超过保修索赔期而又确属耐用件存在质量问题的车辆,由汽车制造厂技术服务代表和汽车特约销售服务站共同对故障原因进行鉴定,并在征求汽车制造厂索赔管理部同意后,方可按保修处理。

3.更换仪表的特殊事宜

因仪表有质量问题而更换仪表总成的,汽车特约销售服务站应在《保修维护手册》上注明旧仪表上的里程数及更换日期。

4.故障原因和责任难以判断的问题

对于故障原因和责任难以判断的情况,如客户确实按《使用说明书》规定使用和维护车辆,且能出示有关证据,如维护记录,须报汽车制造厂索赔管理部同意后可以保修。

适用范围:此保修项目仅适用于生产工厂原装汽车上的所有备件在指定的时间或里程(以先到达者为准)内,被确认存在质量问题的情况。

保修说明:已交付客户的车辆在保修期内享受保修服务权利。另外,随后的购买者使用车辆时也可以享有剩余保修期内的保修服务权利。

整车保修包括换件保修、油漆钣金和检修调整。

5.特殊情况索赔

各个品牌汽车索赔的内容在遵守基本原则的基础上,根据该品牌车型的特点有所区别,甚至同一品牌每个车型之间都会有所区别。

如大众汽车决定单独针对其 DSG 变速器延长质量担保期,将在 2012 年 12 月 31 日之前生产的 DQ200(七速)和 DQ250(六速)双离合变速器的质量担保期延长至 10 年或者 16 万 km(以先到者为准)。而此前(2011 年),上海大众官方表示对上海大众汽车迄今生产的所有装备 DSG 变速器的非营运车辆,只要按照说明书相关规定进行维护及维修,其 DSG 变速器可享受 4 年或 15 万 km 的质量担保(以先到者为准)。

6. 纯正精品保修

保修说明:生产厂家提供并由本品牌指定生活馆安装到本品牌汽车上的精品,在精品保修期内发生质量问题需要更换的纯正精品。

保修期限:选装纯正精品的保修期限为 12 个月或 2 万 km(以先到者为准)。

注:汽车上的原装精品(指已由厂家安装在汽车上,并随车一起交付的精品)遵循整车保修政策。

〈六〉 售前索赔

通过汽车制造厂检验的车辆,在经过第三方物流、特许商、最终用户的各道接车检查的过程中检查出的一些厂方检漏的质量问题,这些质量缺陷的保修属于售前索赔。

为了规范交接各方检验的程序,分清新车受损的责任方,一般有如下规定:

(1)物流商承接新车、装车前,必须认真做好新车交接检序。

应特别注意检查油漆、玻璃、外装饰件、内饰、轮胎及其外装饰车附件工具资料等。如果发现问题,应及时请汽车制造厂销售公司解决。检验合格并经双方签字确认后,物流商将负责运输全程新车的完好,运输途中造成的一切损失将由物流商承担。

(2)经销商承接新车时,必须认真做好新车交接检验程序。

应特别注意检查油漆、玻璃、外装饰、内饰、轮胎及其外装饰、随车附件工具资料等,检验合格后经双方签字确认。

(3)检验中,发现新车存在制造质量问题,记录在新车交接单上,经双方签字确认。其中发生的维修费用,由经销商提交售前索赔申请经汽车制造厂索赔管理部审定后予以结算。

(4)检验中发现新车存在非制造质量问题(人为损坏、碰撞、异物污染、酸碱腐蚀、附件遗失等),要确认责任人是谁,再进行相关弥补措施。

若属物流商责任,由经销商负责修复,维修费用由物流商当场支付,维修费用按索赔标准结算;交接双方如存在分歧,由当地区域销售经理和区域服务经理现场核定;若区域销售经理和区域服务经理无法及时到达现场,在新车交接单上记录下问题(必要时拍摄照片),并双方签字确认,事后由经销商提交给索赔管理部审定;检验中,发现新车存有不明原因的问题,在新车交接单上记录下问题(必要时拍摄照片),并经双方签字确认,事后由经销商提交给索赔管理部审定。

第二节 汽车配件保修索赔工作流程

一、汽车配件索赔工作过程人员岗位职责

1. 索赔员

(1)确保客户满意。

(2)及时传递汽车制造厂质量担保服务相关要求,并组织内部培训。

2. 服务经理

领导和监督质量担保服务工作。

3. 服务顾问

对于质量担保期内的车辆,根据技术鉴定结果提供质量担保服务。

保修索赔人员基本职责

4. 车间主管

合理安排维修车间员工配合服务顾问共同预检质量担保期内车辆,并进行技术鉴定。

5. 技术经理

(1)对质量担保期内车辆进行最终故障诊断,判断是否为质量问题。

(2)监督工具设备的使用、维护和标定。

(3)协助车间主管对车间员工进行技术培训和考核。

(4)负责技术文件和资料的管理。

二、汽车配件保修索赔工作流程

索赔工作流程如图 7-3 所示。

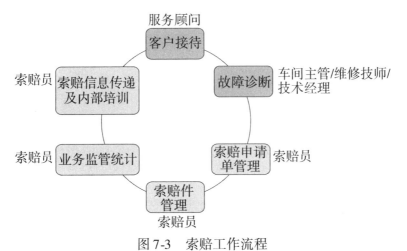

图 7-3　索赔工作流程

三　汽车配件索赔工作具体要求

索赔工作具体要求如图 7-4 所示。

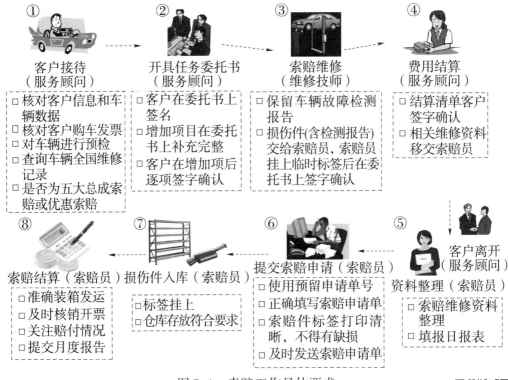

图 7-4　索赔工作具体要求

索赔客户接待

1. 客户接待

（1）服务顾问听取客户的反映及报修内容，对车辆进行初步检查（预检），正确规范填写接车预检单。根据故障情况并核对车辆信息后,初步分为普通维修车辆与索赔维修车辆。检查过程中如对故障判断有困难,技术经理/维修技师可以协助鉴定。图 7-5 所示为车辆预检表,用于记录车辆情况。

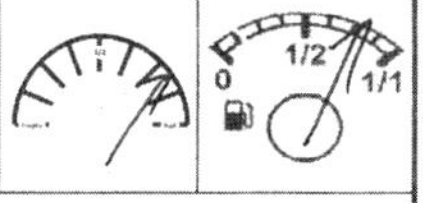

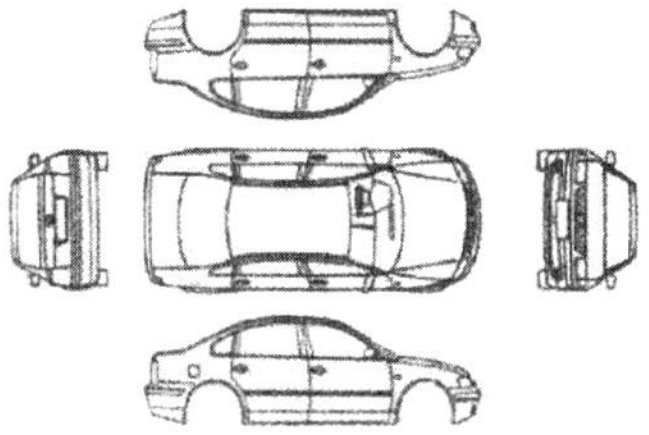

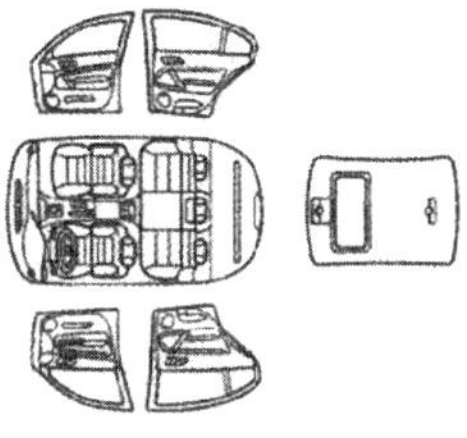

图 7-5 车辆预检表

（2）服务顾问再次核对客户购车日期与车辆数据，判断车辆是否在质量担保期之内。核对购车日期应当首先检查存档发票复印件，如果没有存档记录应请客户提供发票原件，并复印存档。同时，应做好车辆全国维修记录的查询工作。图7-6所示为购车发票。

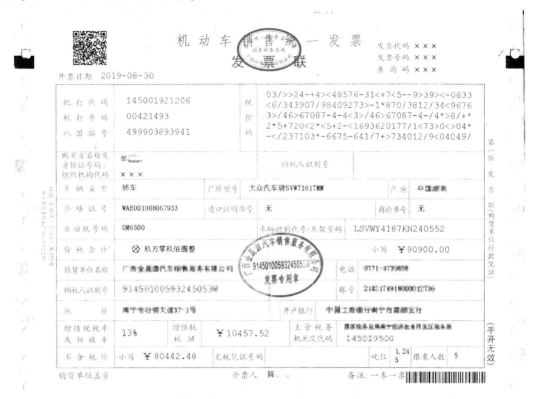

图7-6　购车发票

2. 开具任务委托书

在鉴定过程中，维修技师及技术经理应协助服务顾问对车辆进行技术鉴定，经过质量担保期认定及技术鉴定确属索赔范围的车辆，由服务顾问开出任务委托书，请客户签字认可后交给维修车间。

3. 索赔维修

（1）在索赔维修过程中必须保留车辆所有故障检测报告(图7-7)。

（2）修理过程中如果有增加的索赔维修项目，应按规定在任务委托书上补充完整，并请客户逐项签字确认。

索赔车辆维修

（3）凭任务委托书到配件部领料，交于车间完成索赔维修项目。图7-8所示为维修发料单。

质 量 检 验		
自检记录	互检记录	质量总检记录
签名：×××	签名：×××	××× 质检员签名： 6.25 日 9 时 24 分
车辆终检表	是	否
1. 维修项目已经完成	☑	□
2. 车辆上没有遗留其他物品	☑	□
3. 车身已经清洗干净	☑	□

备注：

服务专员签名：×××　　　　　　　　　　25 日 10 时 30 分

技师维修报告：

已完成检查尾门开不了，经检查发现尾门锁有异响，尾门锁有松动，拉锁拉不到位，判断为尾门锁内部机械故障，更换尾门锁后，试车正常。

技师签名：×××　　　　　　　　　　25 日 9 时 22 分

维修建议：

轮 胎 外 倾		制动情况	维修过程反馈
调整之前	调整之后	前：	尊敬的客户，希望您能向我们提供我们对您的服务是否到位的反馈，以监督我们员工的工作，同时我们会根据您的反馈作出改进，用心为您服务。如果该项到位请打"√"，不到位请打"×"，谢谢！ □DCRC 专员是否事先主动给您进行电话预约或提醒您做车辆维护？ □服务专员是否及时友好接待您？ □服务专员是否邀请您一起检查车辆？ □服务专员给您的报价是否准确清楚？ □在客休室，有 DCRC 专员主动接待您吗？ □服务专员是否清晰地向您解释维修过程及费用？ □服务专员是否向您报告车辆的现状、指出以后所需的维护或行驶建议，包括下次维护里程或时间？ 请留下您的建议： 签名：×××
OS　NS	OS　NS	后：	
		轮 胎 情 况	
主 销 内 倾 角		左前：	
		右前：	
前　束		左后：	
		右后：	
尾气排放	调整之前	调整之后	
（%）			
（PPM）			
下次换油里程			
下次维护里程			

图 7-7　故障检测报告

			×××销售服务有限公司					
			发料单					
委托书号：202111-0344		维修类型：常规维护		发料日期：2021-11-17 10:03:52		发料单号：PD2111170004		
牌照号：×××		车型：全新途安L 1.4T DQ200 豪华版				车主：×××		
仓库	实际库位	零件代码	零件名称		单位	数量	单价	金额 可用库存
C1	快-G4-03	N 902 889 01	放油螺栓			1.00	19.00	19.00 37.00
C1	快-G4-03	N 013 815 7	放油螺栓垫片			1.00	14.00	14.00 90.00
C1	快-F6-01	04E 115 561 S	机油滤清器			1.00	48.00	48.00 82.00
C2	油料房	Z00 120 191 Z4 QP	高端机油QW20（4L）			1.00	488.00	488.00 43.00
打印时间：2021-11-17 10:03:56		数量：4.00			应收金额：569.00			
操作员：×××	发料人：×××		领料人：×××			核料员：	验收人：	

第1页 共1页

图 7-8 维修发料单

（4）修复竣工之后需要完成质量检测报告，说明清楚索赔的问题、处理的结果以及检测结果。

4．费用结算

索赔维修工作结束后，服务顾问打印结算清单并请客户签字确认。将接车预检单、任务委托书及业务结算清单（如为配件索赔另需提供客户付费修理该配件时的结算清单；特殊情况下还有 24h 援助服务受理单）移交给索赔员（保存期为 2 年）。图 7-9 所示为费用结算单。

索赔结算

5．资料整理

（1）索赔员对服务顾问提交的接车预检单、任务委托书、业务结算清单等相关索赔维修资料填写的规范性进行检查，每日填写《质量担保服务工作日报表》并上报服务经理。

（2）索赔员凭索赔任务委托书至配件仓库调取材料发货凭证，并与接车预检单、任务委托书、业务结算单、故障检测报告存放在一起（保存期为自结算之日起 2 年）。

机动车维修费用结算单

托修方/车辆 防伪码 FCDC2269947

机动车所有人 ×××　　　　　　　　VIN LSVAB4187A2500855
送修人 ×××　联系电话 135××××6869　购车发票 2010-11-24　车辆号码 ×××
品牌型号 ×××　　　　　　　车辆类型 小型汽车　发动机号 ×××

承修方

维修企业名称 ×××	维修企业联系人：×××
维修企业地址 ×××	维修企业联系电话：×××
维修企业统一社会信用代码/组织机构代码 ×××	E-MAIL：×××
开户银行 ×××	账号 ×××

结算单信息

结算单号 B02111180009	委托书号 202111-0374	送修日期 2021-11-18	出厂日期 2021-11-18
结算员 ×××	结算日期 2021-11-18	送修里程 167787	出厂里程 167787
维修类型（行管）		维修类型 召回行动	
合格证号	发票类型	发票号码	服务顾问 ×××
故障描述 维修召回配件			

结算费用

序号	名称	金额	折扣金额	金额	折扣率
1	工时费	0.00	普通折扣	0.00	工时总优惠率：0%
2	材料费	0.00	折扣	0.00	材料总优惠率：0%
3	其他费用	0.00	取整	0.00	预售冲抵：0.00
4	应付费用	0.00	折扣总额	0.00	应付金额 0

工时费用

序号	维修项目代码	维修项目名称	工时	工时单价	工时费用	折后金额
1	69Q75502	副驾驶人安全气囊发生器更换	183	0.00	0	0
		折前合计　0.00		折后合计　0.00		

材料费用

序号	零件代码	零件名称	品牌	零件属性	数量	单价	零件费用	折后金额
1	KJTPAB200	副驾驶人气囊维修包		原装零件	1	0.00	0	0.00
		折前合计　0.00			折后合计　0.00			

质量保证期

承修方不承担托修方自备零件质量保证责任

企业承诺本次维修质量保证期为车辆行驶 0 km 或者 0 日，里程和时间以先到为准。

图 7-9　费用结算单

提示:经销商应妥善保存首次索赔维修车辆购车发票复印件,所有索赔车辆都须有发票复印件作为证明和质保依据。这些资料应当和索赔维修的单据放在一起,以方便工作和检查。

6. 提交索赔申请

索赔员及时完成当天的索赔工作,生成索赔申请单,同时为换下的损伤件挂上完整的保用期损伤件标签。索赔件标签必须打印清晰,不得有缺损。

7. 损伤件入库

损伤件必须按照要求存放在索赔件仓库中。

8. 索赔结算

索赔员按照规定的周期向厂家售后服务部门发送索赔数据,并及时将损伤件返回厂家索赔件仓库。索赔员根据厂家售后服务平台下发的索赔结算文件,与厂家结算索赔费用。每月底向服务经理提交《经销商质量担保服务工作月度报告》。

提示:质量担保服务工作规定从维修之日起一个月(30天)内,必须将索赔申请单上传至售后服务平台(分支机构须同时将索赔申请数据传递给所属一级经商),逾期递交的索赔申请单将不再被厂家受理。索赔申请单的审核期限为三个月(90天)。对于退单,自首次提交之日起,经销商/维修站必须在三个月(90天)内改正并且通过厂家索赔结算系统重新审核。

(四) 索赔流程实例说明

某车在质量担保期内出现左前门无法自动吸附的故障,经检查属于车辆质量担保期内质量故障,符合配件索赔规定。图7-10～图7-18是该车从接待—预检—开具任务委托书—维修领料—索赔维修—质量检验成果—费用结算—资料整理—提交索赔申请—索赔件入库—索赔完成的基本过程所涉及的单据。相关单据如下:图7-10所示为接车预检表;图7-11所示为任务委托书;图7-12所示为配件部门对索赔零件报价单;图7-13所示为仓库订货记录;图7-14所示为仓库发料单;图7-15所示为索赔维修作业记录单;图7-16所示为索赔旧件登记卡片;图7-17所示为索赔资料中的交接记录本和索赔件、索赔内容登记;图7-18所示为购车发票和汽车数据贴。

第七章　汽车配件保修索赔

接车检查单							
							预约 □
客户姓名/单位	×××	联系方式	×××	车牌号	×××	行驶里程	85131 km
需求描述	检查右前门无法吸附					剩余电量	燃油存量检查
进一步检查 □		预检 □					
检查结果							
维修方案							

▼凹陷　▲划痕　◆石击　●油漆	▽污渍　△破损　◇色斑　○变形	随车物品	
		□	随车工具
		□	香烟
		□	酒
		□	独立导航
		□	太阳镜
		□	运动器材
		其他：	

备胎检查	是 □　否 ✓		是否洗车	免费清洗 □　收费精洗 □　无须清洗 ✓
是否需要送车	是 □　否 ✓　送车地址：＿＿＿＿		旧件展示	随车展示 □　其他位置：＿✓＿
是否需要充电	是 □　否 ✓　预计用时：＿＿＿＿			

委托内容		
套餐类型	首次维护5000　□套餐A: 5000 km　□套餐B: 每10000 km　□套餐C1: 每20000 km　□套餐C2: 每30000 km　□套餐D: 每60000km	
	首次维护7500　□套餐A: 7500 km　□套餐B: 每15000 km　□套餐C: 每30000 km　□套餐D: 每60000 km	
更换项目	发动机机油：□标准机油　□优选级机油　□尊级级机油　□高端机油　□黑钻机油　□其他	
	□机油滤清器　□放油螺栓　□空气滤芯　□花粉滤芯　□火花塞	
	□燃油滤清器　□自动变速器ATF油　□变速器齿轮油　□齿轮油滤清器　□制动液	
易损件	□刮水器　□制动摩擦片：＿＿＿＿　□轮胎：＿＿＿＿　其他：＿＿＿＿	
深度养护	□发动机润滑　□燃油系统养护　□进气系统养护	
	□空调系统养护	
预计金额	材料费　　　　元　　工时费　　　　元	
	总金额　　　　元　　预计交车时间	

日期：2021.8.27　　服务顾问签字：×××　　　　　客户签字：×××

交车检查结果	□车辆外观　□车内无零件/工具遗漏　□内饰（音响、空调、收音机、功能开关）
	□发动机舱（清洁、液位）　□行李舱　□维修表单　□旧件

×××有限公司

图 7-10　接车预检表

图 7-11 任务委托书

×××有限公司
配件项目更换清单

本案金额合计:		报单时间: 2021.8.27		服务顾问: ×××		
车牌: ×××		VIN: ×××		车型: DH		
序号	是否更换	配件名称	更换数量	配件编码	金额	库存数量	备注
1		左前门锁	×1	3018370l5AK	1906		
2							
3							
4							
5							
6							
7							
8							
9							
10							
11							
12							
13							
14							
15							
16							
17							
18							
19							
20							
21							
22							
23							
24							
25							
服务顾问签字确认: ×××			时间: 2021.8.27		保险公司签字确认:		
班组长签字确认: ×××			时间: 2021.8.27		配件部人员确认: ×××		

图 7-12 配件部门对索赔零件报价单

000047	3D0-810-969-A	内衬	0002325085	000610	0201832611	AA5977HQ	1		573.66000
000048	7P6-821-112-B	翼子板固定件	0002325085	000640	0201832615	ALY833GXR	1		71.73000
000049	3C8-959-855--X8H	温度开关	0002325085	000650	0201832619	AAT596WB	1		129.06000
000050	3C8-959-855--XSH	车用组合开关	0002325085	000660	0201832622	AAT596WB	1		313.9000
000051	3C8-959-855--XSH	划窗遮阳卷帘撒哈拉色	0002325085	000670	0201832627	AAT596WB	1	2	251.64000
000052	09L-325-429	变速器滤油器	0002321868	000150	0201832630	HD20160525	3		333.76000
000053	06L-109-259-A	磁铁	0002325085	000140	0201834207	HD20160606	2		342.53500
000054	1X8-807-417-N-GRU	保险杠护板	0002325085	000180	0201834208	HD20160606	1	2	747.94000
000055	3D1-837-015-AK	车门锁	0002325085	000210	0201834209	HD20160606	1	1	042.52000
000056	3DD-951-221-A	喇叭	0002325085			HD20160606			378.20000
000057	7N0-845-011-AB-NVB	前风窗玻璃（层合玻璃）	0002325085			HD20160606		2	2 673.13000
000058	7P6-845-099-M-NVB	前风窗夹层玻璃	0002325085			HD20160606		2	2 239.31500
000059	B-000-750-M3	制动液	0002325085	000330	0201834213	HD20160606	6		62.99167
000060	G-055-025-A2	自动变速器油	0002325085	000340	0201834214	HD20160606	24		172.45458
000061	1K0-820-808-F	压缩机	0002325085	000500	0201834215	AT3958WB	1	6	645.34000
000062	3DD-951-221-A	喇叭	0002325085	000531	0201834216	KWV260ML	1		378.20000
000063	0AM-198-140-L	离合器片	0002325085	000540	0201834217	AQL906ML	1	6	767.14000
000064	0AM-198-140-L	离合器片	0002325085	000550	0201834218	RG1689HML	1	6	767.14000
000065	3C0-201-055-AG	燃油箱	0002325085	000560	0201834219	AC5039HML	1	5	562.23000
000066	5K0-498-621	车轮轴承及安装件	0002325085	000570	0201834220	AC5039HML	1	1	100.12000
000067	3D5-807-861-D	保险杠用固定板	0002325085	000620	0201834221	AA5977HQ	1		209.49000
000068	7P0-831-056	车门	0002325085	000630	0201834222	ALY833GXR	1	4	872.63000

货物货值（不含17%增值税）： 104，83

订货记录查询车门锁

图 7-13　仓库订货记录

×××有限公司

发料单

| 委托书号 | 202111-0344 | 维修类型 | 常规维护 | 发料日期 | 2021-11-17 10:03:52 | 发料单号 | PD2111170004 |
| 牌照号 | ××× | 车型 | ××× | | | 车主 | 衣彩芳 |

仓库	实际库位	零件代码	零件名称	单位	数量	单价	金额	可用库存
C1	快-G4-03	N 902 889 01	放油螺栓		1.00	19.00	19.00	37.00
C1	快-G4-05	N 013 815 7	放油螺栓垫片		1.00	14.00	14.00	90.00
C1	快-F6-01	04E 115 561 S	机油滤清器		1.00	48.00	48.00	82.00
C2	油料房	Z00 120 191 74 QP	高端机油0#50（4L）		1.00	488.00	488.00	43.00

打印时间：2021-11-17 10:03:56　　数量：4.00　　应收金额：569.00

操作员：陈宏凯　　发料人：陈宏凯　　领料人：陈钊松　　移交员：　　验收人：

图 7-14　仓库发料单

第七章 汽车配件保修索赔

×× 进口车授权经销商

××× 有限公司维修时间记录

客户号： C141187 委托书号： F160624015
车主： ×××
地址： 重庆市渝中区 修理时间： 16-06-24 10:47:53
电话： ××× 交车日期： 16-06-24 14:30:00
邮编： 400000 服务顾问： ×××
客户联系人： ×××
客户联系人电话： ×××
打印时间： 16-06-24 14:28
车型描述： ×××

牌照号	车型	购车日期	底盘号	发动机号	公里数
×××	3D96FA	14-07-22	×××	×××	85131

客户故障描述： 检查左前门无法自动吸附

维修技师故障描述： 经检查左前门锁故障

故障分析及诊断： 更换左前门锁

修理工位	维修内容	标准工时	实际用时(min)	实际工时	修理工	修理工签字
57171950	车门锁拆卸和安装	10	59.59	99.48		
		开工日期	开工时间 离开日期	离开时间		×××
		16-06-24	12:29:26 16-06-24	13:29:08	×××	
57171950	前部电动车窗升降器拆卸和安装	90	59.59	99.48		
		开工日期	开工时间 离开日期	离开时间		×××
		16-06-24	12:29:26 16-06-24	13:29:08	×××	
70591900	前车门饰板拆卸和安装	50	59.59	99.48		
		开工日期	开工时间 离开日期	离开时间		×××
		16-06-24	12:29:26 16-06-24	13:29:08	×××	

车间主任签字： ×××

图 7-15 索赔维修作业记录单

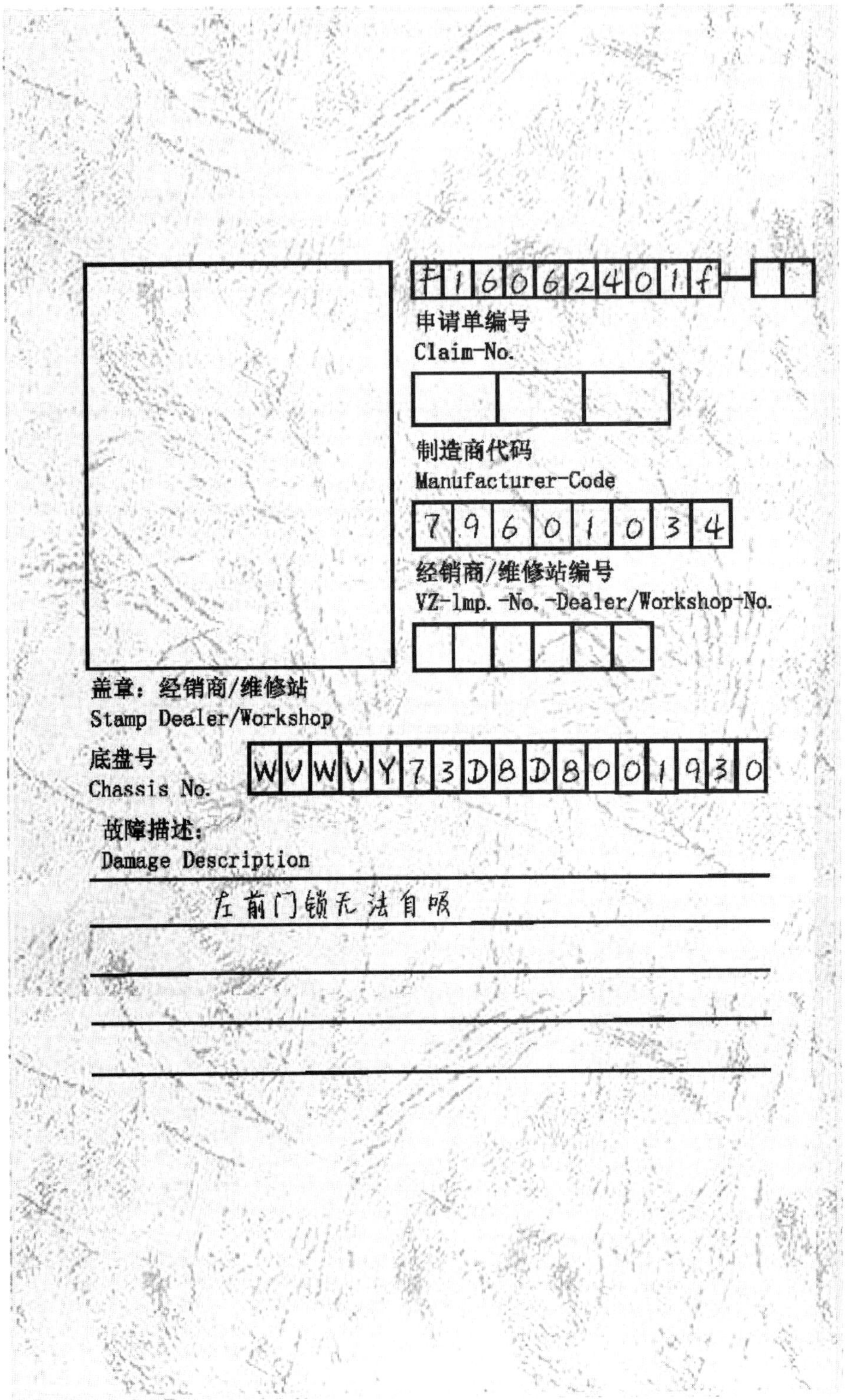
F160624 01f-

申请单编号
Claim-No.

制造商代码
Manufacturer-Code

79601034

经销商/维修站编号
VZ-Imp.-No.-Dealer/Workshop-No.

盖章：经销商/维修站
Stamp Dealer/Workshop

底盘号
Chassis No. WVWVY73D8D8001930

故障描述：
Damage Description

左前门锁无法自吸

图 7-16 索赔旧件登记卡片

×××有限公司

索赔单、索赔件
交接记录本

a) 交接记录本

索赔单、索赔件交接记录表

序	索赔委托书编号	标签填写	旧件完整	交件日期	交件人	单据完整	手续齐全	签字齐全	交单日期	交单人	签收	备注（服务活动）
1	F160628005	√	√	2018.6.28	×××	√	√	√	2018.6.29	×××	×××	
2	F160712001	√	√	2018.7.12	×××	√	√	√	2018.7.13	×××	×××	
3												
4												
5												
6												
7												
8												
9												
10												

注意：索赔单在完工后当天结算，并在交车后交接，交接时间每天上午10点前；索赔件换下后当天进行交接，延误交接造成单、件超期者后果自负，如果索赔主管在岗请告知一起，最好当面交接，交接的单、件不合格的退回重新整理。

b) 索赔件、索赔内容登记

图 7-17　索赔资料

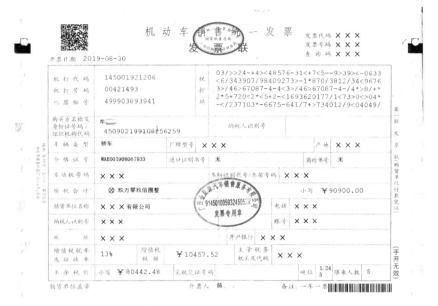

a) 购车发票

b) 汽车数据贴

图 7-18　购车发票和汽车数据贴

第三节　汽车配件索赔问题分析

在汽车配件质量索赔中,由于某些原因会导致无法顺利索赔的情况,本节列举了在汽车配件质量索赔过程中几种常见的问题及造成此现象的原因,并总结了解决的方法。

（一）未按要求保存维修资料凭证

图 7-19 所示为原始凭证的相关内容。

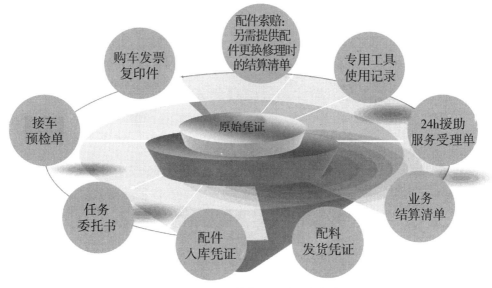

图 7-19　原始凭证的相关内容

（二）故障存储、测量数据记录缺失

保存维修过程中相关零件的所有故障存储、测量数据记录主要有：

（1）发动机控制单元、ABS 控制器、点火线圈、自动变速器、舒适系统中控单元、电子节气门体。

（2）安全气囊回转空调压力开关、点火线圈、进气歧管压力传感器。

（3）四轮定位测试卡、专用工具使用情况等记录也必须保存。

（4）自动变速器控制单元、车轮转速传感器、蓄电池等。

（5）安全气囊回转阀、空调风门阀、空调风门伺服电动机、内循环风门伺服电动机。

各经销商一定要严格按照要求完整保存维修资料原始凭证和故障存储、测量数据记录。

（三）工单客户相关项不规范

工单主要包括委托书、派工单、结算单。

(1) 客户故障描述缺失或者前后不一致。客户故障描述、送修症状、检查结果填写内容必须是打印样式。

(2) 缺少客户签字。任务委托书、业务结算清单上必须有客户签名，且必须及时结算。

(3) 修理范围更改不合理。任务委托书与实际修理不符。

图 7-20 所示为工单（委托书、派工单、结算单）相关项填写不规范示例。图 7-20a) 所示为客户反映信息不能手写，必须打印且必须要有客户签名；图 7-20b) 所示为必须对客户描述和故障现象分析进行简单明了的说明，并要求打印。

电话：138×××8912,020-3216655	服务活动：		
送修时间：2018.11.23 11:33:25	约定交车时间：2018.11.23 16:33:25	服务顾问：×××	
打印时间：2018-11-23 11:43:40	共 1 页 第 1 页	备用车使用天数：	

牌照号	车型	车辆性质	购车日期	底盘号	发动机号	行驶公里数
×××	9131V4	私家车	2016.12.14	LSVQAC41Z682611860	BXX019816	25678km

修理工位	修理内容	修理工时费	索赔	修理工	自检签名	备注
15801950	检修发动机	200	Y	×××		
15821910	更换气门室盖	120	N	×××	×××	

送修症状：机油液面低于标准值　不允许空白或手写　不允许与预检单不一致

检车结果：气门室盖处漏油　不允许空白或手写

销售商：×××
地址：
邮编：
电话：
账号：
售后服务总监：

合同评审签名	
最终检验者签名	
合同修订评审	电话确认
	客户确认
	业务员签名

1. 随车贵重物品客户自行保管，如有遗失，站方不承担任何责任。
2. 修理工料费按实际发生核结算，谢绝欠款。

客户故障描述：
少机油
不允许空白或手写
不允许与预检单客户描述不一致

预计金额：　　　客户签名：　×××

a) 相关信息必须打印

图 7-20

第七章 汽车配件保修索赔

接车单

首次登记: 是□ 否□
是否预约: 是□ 否□
送车人姓名: _____ 车架号: _____
行驶里程数: ___25687___ km

需要检查备胎: 是□ 否□   需要清洁车辆: 是□ 否□   旧件是否收回: 是□ 否□

| 贵重物品 | | 随车物品 | |

车辆检查: (16项)   内饰无明显污渍、损伤 □   仪表无故障和冗余信息显示 □

外部灯光以及灯罩完好: 前照灯□ 示廓灯□ 雾灯□ 转向灯□ 制动灯□ 倒车灯□

发动机舱液位检查: 机油□ 制动液油□ 转向机油□ 防冻液□ 风窗清洗液□

车身外部检查: 前盖□ 后盖□ 侧围□ 注:☐表示正常;☒表示不正常

○ 凹凸 △ 划伤 ■ 车身损伤 × 石击

序号	建议维修项目及内容	零件价格	工时价格	是否修理
1	机油液面低于标准值			

预计交车时间:	客户描述:
预计总价:	少机油

b)客户描述和建议索赔项目必须准确

图 7-20 工单相关项填写不规范示例

说明：

（1）预检单、任务委托书上客户故障描述需要填写的是客户对于车辆故障现象的描述，一定要详细、准确地按照实际情况对客户的描述进行填写。

（2）任务委托书上客户故障描述、送修症状、检查结果必须与索赔申请单上损伤事宜、更换配件等一致，将预检单上内容完整的输入电脑并仔细核对，即这3个栏目填写的内容必须是打印的。客户故障描述、送修症状、检查结果必须一致，如图7-21所示。

电话：138××××××××,020-××××××			服务活动：				
送修时间：2018.11.23 11:33:25		约定交车时间:2018.11.23 16:33:25			服务顾问：李××		
打印时间：2018.11.23 16:43:40		共1页 第1页			备用车使用天数：		
牌照号	车型	车辆性质	购车日期	底盘号		发动机号	行驶公里数
沪A-12×××	9131V4	私家车	2016.12.14	LSVQAC41Z682611860		BXX019816	25678km
修理工位	修理内容		修理工时费	索赔	修理工	自检签名	备注
15801950	检修发动机		200	Y	肖×		
15821910	更换气门室盖		120	N	肖×	张××	

送修症状：机油液面低于标准值
*不允许空白或手写
*不允许与预检单不一致

检车结果：气门室盖处漏油
*不允许空白或手写

销售商：上海大众汽车
地址：　　　　　　　邮编：
电话：
账号：
售后服务总监：
客户故障描述：少机油
*不允许空白或手写
*不允许与预检单客户描述不一致

1.随车贵重物品客户自行保管，如有遗失，站方不承担任何责任。
2.修理工料费按实际发生核算算，谢绝欠款。

合同评审签名	
最终检验者签名	

合同修订评审	电话确认	
	客户确认	
	业务员签名	

预计金额：　　　　　　客户签名：张××

图7-21　客户故障描述、送修症状、检查结果一致

修理过程中如有与故障描述相关的索赔增项，允许以增项形式增补，但必须请客户逐项签字确认。若索赔增项内容与故障描述无关，则增项部分必须重新开具任务委托书，并请客户签字确认。

第七章　汽车配件保修索赔

 车辆信息填写错误

(1)车型填写错误。经销商在开具任务委托书时,必须连线车架号对车型进行校验。

(2)底盘号、发动机号错误或缺失。任务委托书中的底盘号、发动机号码应完整填写,并且与车辆上标注的底盘号、发动机号相一致。

(3)客户购车日期缺失或填写不正确。新车质量担保期的起始日期是客户购车日期,其有效凭证为客户购车发票。各经销商与维修站一定要严格按照客户购车日期填写。

(4)车辆里程数不准确。车辆的行驶里程数是质量担保期限的依据之一,所以无论是预检单、委托书还是索赔申请单,里程数一定要准确无误,并且做到索赔申请单和委托书一一对应。

下面为3个由于车辆信息填写错误而需进行修改的典型案例。

(1)案例1:购车日期与销售日期不一致。

产生原因:索赔申请单的购车日期与销售数据中的车辆销售日期不一致。例如,"购车日期与销售数据不一致(2013-01-01)"表示该车辆在销售数据中的销售日期为2013年1月1日,该索赔申请单的购车日期与销售日期不一致。

修改方式:经销商可通过核对客户购车发票进行确认。如两者日期一致,则使用销售日期修改退单后重新上传。如发现客户发票日期与销售数据中的车辆销售日期不一致,可在售后服务网上提供购车发票进行修改。

提示:购车日期与本站申请单不一致的退单将计入错误单统计范围。

经销商还可在售后服务网购车发票信息数据库中输入查询条件(如VIN码、经销商售后代码、经销商名称等)查找已确认同意的发票信息历史记录以供参考。

(2)案例2:车辆使用时间与里程逻辑关系不正确。

产生原因:未将上次换表里程值上传或直接更改新表里程值,如图7-22所示,上一次维修记录显示车辆里程表里程值为58200,而这次的里程值为35507。

修改方式:查询该车全国维修历史记录,并就相关事宜咨询索赔业务对应区域负责人员。

223

经销商号：	申请号：20180141	VIN:LSVNX	04
维修时间：2018-01-13		行驶里程：35507	

此车辆的历史维修记录　　　　双击查看具体索赔信息

经销商号	申请单号	引导数据	修理日期	行驶里程(km)	结算批次
	20172998	1111	2017-08-09	58200.00	20171010
	20172491	1111	2017-06-25	53531.00	20170822
	20161386	3111	2016-06-28	9999.00	20160824
	FM11202	Z111	2016-05-05	3909.00	20160525

图 7-22　车辆里程表里程与上次记录相比下降

（3）案例3：日均行驶里程过大。

如图7-23所示，日行驶里程过大，不符合实际用车情况，索赔信息审核不通过，造成如图7-23b)所示显示的系统退单，此情况应该查找原因进行修正。

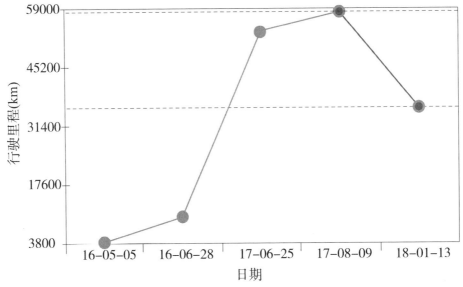

a)日行程里程过大

图　7-23

第七章　汽车配件保修索赔

退单原因	退单代码
日均行驶里程过大	S10602

退单原因及代码

b）不符合实际导致退单

图 7-23　日均行驶里程过大

产生原因：申请单上的购车日期未按实际销售日期填写。

修改方式：将索赔申请单中错误的购车日期修改正确后重新发送索赔申请单即可。

 修理工位填写不当

（1）维修部位未正确描述，无法证实。任务委托书中维修部位必须正确描述（左右、前后、位置等），尤其是轴承、减振器、点火线圈等零件，否则易造成配件索赔和整车索赔无法认定。故障描述及维修派工必须与实际维修一致。

（2）索赔申请单中的工位使用混乱。索赔申请单中的工位，一定要准确地使用和实际修理相关的标准工位，不要随便使用自定义工位。如果确实没有标准工位，使用自定义工位时，一定要参照相关标准工位根据实际修理时间进行核定（改成折算工时）。

（3）维修派工不合理。维修派工不合理，客户抱怨为单侧，实际修理为两侧。

六 配件材料应用不当

（1）配件费用不合理。经销商不得将总成件拆零使用。材料的入库、出库必须依据先进先出的原则，索赔零件的数据必须符合逻辑，禁止刻意使用高价零件办理索赔。

225

（2）索赔零件与业务结算清单中的零件不符。索赔申请单中零件号与零件数量必须与业务结算清单中的零件号、零件数量一致。绝对不允许由于零件号或零件数量的错误而对结算清单做负结算。

（3）配件管理不规范。经销商之间相互借用配件无依据不允许办理索赔维修；市场件、报溢零件不得用于索赔。

以下为索赔维修零件负库存出库和二次入库的具体案例分析。

产生原因：经销商相互借用配件无依据并办理索赔；上海大众紧急订货配件不入库直接用于索赔；通过负结算将已经装车的零件退库。

注意：经销商应备齐常用索赔配件，保证合理库存；需要向其他经销商借调配件，必须保存对方经销商从上海大众配件科进货的凭证作为借进依据，无借进依据的零件以及市场件不得用于索赔；上海大众紧急订货配件可作为借进处理；已经装车并结算的零件不能通过负结算办理零件退库。

七 索赔材料数量过多

图7-24所示为索赔材料数量过多的案例。

索赔工位

V	序号	工位代号	修理内容	PMU	工时	价格
	01	45301950	液压控制单元(ABS)拆卸和安	0	90.00	54.00
	02	45010100	ABS检查(*ABS测试用具)	0	130.0C	78.00

索赔配件

配件代号(换上)	配件代号(换下)	配件名称	数量
3BD 614 111 F	3BD 614 111 F	带控制器的ABS-总成	1.00
BCN 000 750 Z3	BCN 000 750 Z3	制动液	4.00

注意

损伤代号及编排

序号	损伤代号	RA/RC	工位和材料编号的编排
01	45300405KF	2	01020304

图7-24　索赔材料数量过多

产生原因：制动液装车数量超过规定值。

说明：制动液按规定最多添加2.0L。

提示：索赔材料数量应严格根据实际维修情况或按修理手册规定填写。

修改方式：根据维修实际情况或按修理手册规定，在错误单中修改零件数量。

〈八〉 索赔种类错误（配件索赔与整车索赔混淆）

图 7-25 所示为索赔种类错误所示例。

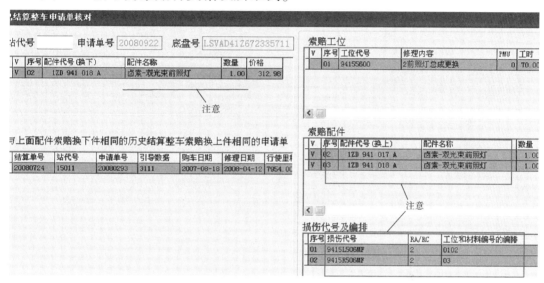

图 7-25　索赔种类错误

产生原因：对应零件已有索赔记录，应做配件索赔。

修改方式：

（1）同一经销商处修理。根据上次索赔记录，直接将索赔申请单修改为配件索赔。

（2）不同经销商处修理。查询该车全国维修历史记录，并与索赔业务股对应区域负责人员联系，请求提供修理该项目的经销商名称，再请该经销商提供相关依据。

〈九〉 损伤代号错误

每个厂家都有自己针对配件索赔的基本数据，主要作用是来区分保修索赔和普通的维修换件，如图 7-26 所示的索赔代号，必须准确填写。

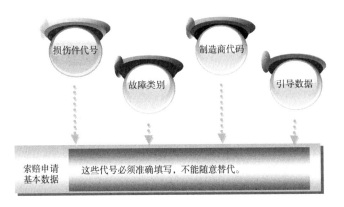

图 7-26　索赔代号错误

修改方式：直接在错误单中修改损伤代号后面"编排"上的工位、材料序号。

 时间记录有误

维修时间顺序为任务委托书时间、领料时间、结算时间，具体要求包括如下方面。

（1）维修时间需符合开委托书、发料、结算的逻辑顺序。

（2）维修时间必须符合实际情况。

（3）检测凭证内容应与委托书修理内容对应，故障报告打印时间不得晚于发料时间（若需要维修后做四轮定位等检测的，故障报告打印时间不得晚于结算时间）。

下面为时间记录有误的具体案例。其维修时间记录不符合任务委托书时间、发料时间、结算时间的逻辑顺序，图 7-27 所示为下任务委托书的时间晚于发料和结算时间，即出现先施工后下任务的错误。

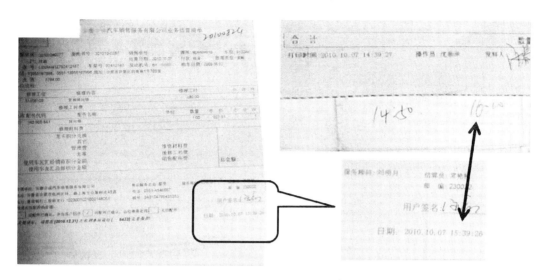

图 7-27　客户签字时间晚于发料时间

产生原因:未按索赔规定流程进行修理;原始单据遗失后补打。

注意:

(1)维修过程中需要打印故障凭证的零件,且打印时间不得晚于发料时间(如需要维修后做四轮定位等检测,故障报告打印时间不得晚于结算时间)。

(2)索赔维修资料应妥善保管,避免因资料遗失而导致负结算。

 不合理重复索赔维修

产生原因:主要是由于维修技术水平偏低(如技术误诊断、未按要求使用检测设备进行故障诊断)而造成的。

解决措施:技术总监应加强对维修人员的技术培训,严格按照上海大众有关技术文件规定的诊断流程执行。

 其他问题

(1)一份任务委托书中索赔修理内容拆分成多份索赔申请单。

(2)索赔件及索赔件仓库管理混乱。

(3)违规索赔。例如,为超出质量担保期、事故车、无维护记录的车辆进行索赔工作,虚构付费维修事实,异地索赔,双向收费等。

第四节　索赔件管理与返回

对于索赔件管理问题,以下三种情况被索赔审核认定为不合格,为厂家拒赔:没有足够的料架;未及时完成索赔申请;经销商保用期损伤件未按要求摆放,造成保用期损伤件对应关系混淆。

一、索赔件仓库存放要求

(1)索赔员专人负责管理。
(2)应配有料架,对索赔件进行专门保管。
(3)存放仓库内不得摆放其他用途的物品。
错误示例如图7-28所示。

图7-28　索赔件未按要求摆放

二、维修过程中换下的索赔件的相关要求

(1)及时贴上临时标识,并注明任务委托书号、牌照号等。
(2)保持索赔件完整,并附上必要的资料说明(索赔件标签、指定零件需打印故障代码)。
(3)索赔件按实物大小分区域摆放,保证仓库整洁有序。
(4)使用符合要求的索赔件标签。索赔件标签应在索赔维修结束后当日打印,并挂于索赔件上。
(5)按要求每月一次将索赔件随《索赔件清单》返回至厂家索赔部。

三、索赔件返回存在问题

（1）索赔申请单的上传数据（换下件）与索赔件标签上的数据不一致。

说明：上传数据（换下件）与标签上数据（零件号、零件名称、数量等）不一致会造成无法结算。如图7-29所示，上传数据（换下件）为燃油添加剂1.8T，而实际返回的索赔件为火花塞。

图7-29　索赔单索赔信息与系统上传信息不同

（2）索赔件与标签内容不对应而导致无法扫描。

（3）索赔件标签上缺少换下件名称。

（4）索赔件总成不完整。

（5）索赔件未返回。

（6）制造商代码与生产厂家不符。

拓展学习

东风雪铁龙质量担保说明

质量担保分为家用车质量担保和非家用车质量担保两个类别。

一、家用车

三包有效期是指根据国家相关法律法规，神龙汽车有限公司向客户承诺的对符合更换或者退货条件的家用汽车产品予以更换或者退货的时间期限。

保修期是指根据国家相关法律法规,神龙汽车有限公司向客户承诺的对于家用汽车产品因产品质量问题出现故障时免费维修的时间期限。

二、非家用车

整车保修期是指神龙汽车有限公司向客户承诺的对于非家用汽车产品因产品质量问题出现故障时免费维修的时间期限。

家用车质量担保说明

车辆三包有效期和保修期内任何质量索赔,客户必须出示车辆信息及相关保修凭证(表7-1)。

车辆相关信息凭证　　　　　　　　　　　　　表7-1

生产者信息	
名称:神龙××有限公司	邮政编码:430056
地址:武汉市经济技术开发区××××	客户服务电话:400 886 ××××
销售者信息	
名称:	邮政编码:
地址:	销售日期:　　　　电话:
产品信息	
产品品牌——车辆名称:	型号:
生产日期:	产品合格证编号:
车辆类型规格:	发动机型号及编号:
颜色:	蓄电池品牌:
备件组号:	蓄电池序列号:
车辆识别代号(VIN码):	
新车三包有效期(日期和里程以先达到者为准)	
开始日期:_____(以购车发票日期为准) 终止日期:_____ 终止里程数:_____km	
新车保修期(日期和里程以先达到者为准)	
开始日期:_____(以购车发票日期为准) 终止日期:_____ 终止里程数:_____km	
退换车使用补偿系数 n　　0.8%	
销售商已经向本人详细解释了新车三包的条款,并提醒用户阅读安全注意事项、按车辆《使用手册》及本手册的要求使用和维护	
用户签字:	东风雪铁龙授权销售商代码:

续上表

| 日期：_____ | 日期：_____ |
| (盖章) | (盖章) |

注：1. 主要总成或系统包含的零部件清单参见P9,易损耗件的种类范围及质量保证期、特殊零部件的种类范围详见本手册P10。

2. 东风雪铁龙授权服务站(即维修商)名单、地址、电话详见《服务网点》。

3. 此文中提到的P9、P10等均为东风雪铁龙质量担保和维护手册中相应的页码,非本教材相应的页码,特此说明。此附件中所提及的其他页码,适用于本说明。

家用车质量担保及整车三包规定

一、三包有效期和保修期

三包有效期:2年或行驶里程5万km(以先到者为准)。

保修期:3年或行驶里程10万km(以先到者为准)。

三包有效期和保修期以《机动车销售统一发票》上的日期起计算,该日期应由东风雪铁龙授权销售商在本手册的"三包凭证"上注明。

三包有效期和保修期适用于整车上除规定的易损耗件以外的制造厂原装车零部件。易损耗件的质量担保规定参见《易损耗件及其他零部件质量担保目录及期限清单》。

在三包有效期和保修期内,零件的更换或维修不能延长整车保修期,所更换零件的质量担保期随整车保修期的结束而终止。

二、保修条件

(1)三包有效期和保修期内的任何担保,客户应出示"三包凭证"和"首次维护证明"。

(2)新车达到首次维护条件时应到东风雪铁龙授权服务站进行首次维护,并由该站在"首次维护证明"上加盖保修业务章。

(3)质量担保应在东风雪铁龙授权服务站按规定的程序进行。

(4)客户提出质量索赔前,必须保持损坏件的原始状态。

(5)凡因质量担保更换下来的旧件归神龙汽车有限公司所有,暂由东风雪铁龙授权服务站代管。

三、包修的范围(费用由神龙汽车有限公司承担)

(1)因产品的制造、装配及原材料缺陷等因素而引起的损坏。

(2) 由质量缺陷件所引起的相关件的损坏,包括相关辅料损耗。

(3) 包修费用包括备件费、维修工时费和东风雪铁龙授权服务站的外出服务费。

四、三包有效期

在车辆三包有效期内,符合以下所列更换、退货条件的,客户凭三包凭证、购车发票等找销售者更换、退货。

(1) 自销售者开具购车发票之日起 60 日内或者行驶里程 3000km 之内(以先到者为准),车辆出现转向系统失效、制动系统失效、车身开裂或燃油泄漏,销售者负责免费更换或退货;发动机、变速器的主要零件出现产品质量问题的,客户可以选择免费更换发动机、变速器。

(2) 在车辆三包有效期内,发生下列情况之一,客户选择更换或退货的,销售者负责更换或退货:因严重安全性能故障累计进行了两次修理,严重安全性能故障仍未排除或者又出现新的严重安全性能故障的;发动机、变速器累计更换两次后,或者发动机、变速器的同一主要零件因其质量问题,累计更换两次后,仍不能正常使用的,发动机、变速器与其主要零件更换次数不重复计算;转向系统、制动系统、悬架装置、前后桥、车身的同一主要零件因其质量问题,累计更换两次后,仍不能正常使用的。

(3) 在车辆三包有效期内,因产品质量问题修理时间累计超过 35 日的,或者因同一产品质量问题累计修理超过 5 次的,用户可以凭三包凭证、购车发票,由销售者负责更换。

如下两种情形所占用的时间不计入前款规定的修理时间:需要根据车辆识别代号(VIN 码)等定制的防盗系统、全车线束等特殊零部件的运输时间;外出救援路途所占用的时间。

(4) 在车辆三包有效期内,符合更换条件的,销售者会及时向客户换用新的、合格的、同品牌同型号的车辆;无同品牌同型号车辆更换的,销售者会及时向客户更换不低于原车配置的车辆。

(5) 在车辆三包有效期内,符合更换条件,销售者无同品牌同型号车辆,也无不低于原车配置的车辆向用户更换的,客户可以选择退货,销售者负责为客户退货。

五、车辆使用费用收取

(1) 退、换车条件中,除前述明确免费更换或退货的以外客户应当支付因使用该车所产生的相应的合理使用费用,计算公式为:

车辆使用费用 = [车价款(元) × 行驶里程(km)/1000] × 0.8%

(2) 家用车更换或退货的,所发生的税费按照国家有关规定执行。

六、其他

(1) 在三包有效期和保修期内,因产品质量问题而导致每次修理时间(包括等待修理备件时间)超过5日的,东风雪铁龙授权服务站从第6日开始为客户提供备用车,或者给予合理的交通费用补偿。

(2) 修理时间自客户与修理者确定修理之时起,至完成修理之时止。每24h计为一日,一次修理占用时间不足24h的,以一日计。

七、不属于家用车质量担保的范围(费用由客户承担)

(1) 所购车辆已被书面告知存在瑕疵的。

(2) 车辆用于出租或者其他运营目的的。

(3) 不满足整车质量担保条件中任何一条的。

(4) 客户不能提供有效发票和三包凭证的。

(5) 客户自行修理或到东风雪铁龙授权服务站以外的维修点修理后,车辆所发生的相关质量问题造成的损坏。

(6) 因客户使用不当或维护不当造成的损坏;或者发生产品质量问题后,客户自行处置不当而造成的损坏。

(7) 进行了没有经过神龙汽车有限公司认可的任何汽车改装造成的损失。

(8) 由于外部原因造成汽车损伤,例如,细砾石的溅击或碰撞以及大气中的化学气体或其他化学物品、鸟粪等的腐蚀所致的损坏。

(9) 由于自然灾害、车祸、人为造成的故意损坏,或战争、暴乱所致的损坏等。

(10) 质量担保范围中没有专门规定的费用,如客户因进行质量担保而发生的路桥费、旅差费、食宿费、管理部门的罚款等。

(11) 使用手册中规定的定期检查、调整、维护所发生的费用。

(12) 车辆用于特殊使用条件,如比赛竞技、表演娱乐、试验、军事行动、征用、被盗抢等。

(13) 因汽车正常运行而造成的振动和噪声,如汽车转弯时辅助转向泵工作的噪声、喷油管发出的微弱噪声、路况差时后桥发生的嗡嗡声等。

(14) 零件因正常老化所造成的变质、变形或褪色等。

(15) 客户私自更改车辆行驶里程表数据或拆下相关零件使车辆行驶里程不能被确定。

(16)因未使用原厂零部件、油液及辅料所产生的故障或使用对汽车有损害的用品导致的故障。

(17)因客户未按使用手册要求存放、保管、使用、维护车辆或因环境因素(如烟尘、污染腐蚀物、鼠害)造成的故障或损坏。

家用车质量担保《主要总成或系统包含的主要零部件清单》用车质量担保

相关零部件的种类范围与索赔事项见表 7-2 ~ 表 7-5。

发动机和变速器总成的主要零部件种类范围　　表 7-2

总成	零部件明细
发动机	曲轴
	主轴瓦
	连杆
	连杆瓦、连杆衬套
	活塞、活塞环、活塞销
	缸盖
	凸轮轴
	气门
	缸体
变速器	变速器壳体、离合器壳体、差速器壳体
	1/2/3/4/5/倒挡齿轮、差速器行星/半轴齿轮
	1 轴、2 轴
	箱内轴承
	箱内离合器、箱内制动器

其他系统总成的主要零部件种类范围　　表 7-3

汽车系统	零部件明细
转向系统	转向机总成(包含分配阀)
	转向柱、转向万向节
	转向拉杆(不含球头)
	转向节
制动系统	制动主缸
	制动轮缸
	制动助力器
	制动踏板及其支架

续上表

汽车系统	零部件明细
悬架装置	扭杆弹簧、减振器螺旋弹簧
	三角臂(不含弹性铰接)
	多连杆机构连杆(不含弹性铰接)
前/后桥	半轴
半身	车身骨架
	纵梁
	横梁
	前后车门本体
	副车架

易损耗件的种类范围及期限　　　　表 7-4

零件明细	质量保证期限 (时间/行驶里程)	零件明细	质量保证期限 (时间/行驶里程)
熔断丝	2个月/1000km	机油滤清器	6个月/5000km
普通继电器	2个月/1000km	轮胎	6个月/5000km
刮水器	2个月/1000km	火花塞	6个月/5000km
灯泡	2个月/1000km	离合器摩擦片	6个月/5000km
空气滤清器	6个月/5000km	前、后制动摩擦片	6个月/5000km
空调滤清器	6个月/5000km	蓄电池	12个月/2万km
汽油滤清器	6个月/5000km	遥控器电池	12个月/2万km

注:1. 易损耗件质量保证时间和行驶里程以先达到者为准。

2. 在质量保证期内,易损耗件出现质量问题,用户可以免费更换。

车辆识别代号(VIN码)等定制的特殊零部件的种类范围　　表 7-5

零件明细	零件明细
全车主线束	点火钥匙
防盗控制单元	点火锁芯

非家用车质量担保说明

非家用车整车保修期为1年或行驶里程10万km(以先到者为准),见《整车保修规定》(表7-6～表7-8)。

车 主 信 息　　　　　　　　　　表 7-6

```
姓名/单位：_____  企业代码：_____  证件类别：_____
证件号：_____
通信地址：_____省(直辖市、自治区)_____市_____区(县)_____
长途区号：_____  电话号码：_____  手机号码：_____
邮政编码：_____  电子邮件：_____
```

车 辆 信 息　　　　　　　　　　表 7-7

```
车型：_____  车辆VIN码：_____
发动机号：_____  牌照号：_____
购车发票日期：_____  生产年月：_____  销售网点：_____  车辆交付日期：_____
```

保 修 信 息　　　　　　　　　　表 7-8

```
开始日期：____年____月____　　　终止日期：____年____月____日
终止里程数：_____km
销售商已经向本人详细解释了保修的条款。
用户(签字)：_____　　日期：____年____月____日
                            东风雪铁龙授销售商代码：_____
                                        (盖章)

备件组号：_____    蓄电池品牌：_____
                                蓄电池序列号：_____
```

对于整车保修期内的任何质量索赔，客户应出示本证明和"首次维护证明"。

非家用车质量担保整车保修规定

一、整车保修期

非家用车整车保修期为1年或行驶里程10万km(以先到者为准)。

整车保修适用于整车上除规定的易损耗件以外的制造厂原装车零部件。易损耗件的质量担保规定参见使用手册《易损耗件质量担保规定》。

在整车保修期内，零件的更换或维修不能延长整车保修期，所更换零件的保修期随整车保修期的结束而终止。

整车保修期限以《机动车销售统一发票》上的日期起算，该日期应由东风雪铁龙授权销售商在使用手册的"整车保修证明"上注明。

二、保修条件

(1) 对于保修期内的任何担保，客户应出示"整车保修证明"和"首次维护证明"。

(2)新车达到首次维护条件时,应到东风雪铁龙授权服务站进行首次维护,并由该站在本手册中的"首次维护证明"上加盖保修业务章。

(3)首次维护及以后的每一次定期维护应由东风雪铁龙授权服务站根据本手册和维修手册的规定进行。

(4)保修应在东风雪铁龙授权服务站按规定的程序进行。

(5)客户提出质量索赔前,必须保持损坏件的原始状态。

(6)凡因保修更换下来的旧件归神龙汽车有限公司所有,暂由东风雪铁龙授权服务站代管。

三、属于保修的范围(费用由神龙汽车有限公司承担)

(1)因产品的制造、装配及原材料缺陷等因素而引起的损坏。

(2)由质量缺陷件所引起的相关件的损坏,包括相关辅料损耗。

(3)保修费用包括备件费、维修工时费和东风雪铁龙授权服务站的外出服务费。

四、不属于保修的范围(费用由客户承担)

(1)不满足整车保修条件中任何一条。

(2)客户未按使用手册的规定进行新车首次维护,或没有按使用手册的规定进行以后的任何一次定期维护,或无整车保修证明。

(3)客户自行修理或到东风雪铁龙授权服务站以外的厂家修理后,车辆所发生的相关质量问题造成的损坏。

(4)因客户使用不当或维护不当造成的损坏。

(5)因不听东风雪铁龙授权服务站劝阻,强行使用车辆而造成的扩大损失。

(6)进行了没有经过神龙汽车有限公司认可的任何汽车改装造成的损失。

(7)由于外部原因造成汽车损伤,例如细砾石的溅击或碰撞以及大气中的化学气体或其他化学物品、鸟类等的腐蚀所致的损坏。

(8)由于自然灾害、车祸、人为的故意损坏或战争、暴乱所致的损坏等。

(9)保修范围中没有专门规定的费用,如用户因进行保修而发生的拖车费、停运费、停车费、路桥费、旅差费、食宿费、管理部门的惩罚款等。

(10)本手册中规定的定期检查、调整、维护所发生的费用(首次维护免费)。

(11)车辆用于特殊使用条件,如比赛竞技、表演娱乐、试验、军事行动、征用、被盗抢等。

(12)因汽车正常运行而造成的振动和噪声,如汽车转弯时辅助转向泵工作的噪声、喷油管发出的微弱噪声、路况差时后桥发生的嗡嗡声等。

(13) 零件因正常老化所造成的变质、变形或褪色等。

(14) 客户私自更改车辆行驶里程表数据或拆下相关零件使车辆行驶里程不能被确定。

非家用车质量担保易损耗件质量担保规定

易损耗体的种类范围见表7-9。

易损耗体的种类范围　　　　　　　　　　　　　　表7-9

零件明细	质量保证期限（时间/行驶里程）	零件明细	质量保证期限（时间/行驶里程）
熔断器	2个月/1000km	机油滤清器	6个月/5000km
普通继电器	2个月/1000km	轮胎	6个月/5000km
刮水器	2个月/1000km	火花塞	6个月/5000km
灯泡	2个月/1000km	离合器摩擦片	6个月/5000km
空气滤清器	6个月/5000km	前、后制动摩擦片	6个月/5000km
空调滤清器	6个月/5000km	蓄电池	12个月/2万km
汽油滤清器	6个月/5000km	遥控器电池	12个月/2万km

注：易损耗件质量保证时间和行驶里程以先到者为准。

备件质量担保规定

一、质量担保期限

备件质量担保期为1年或行驶里程为5万km(以先达到者为限)，从东风雪铁龙授权服务站销售备件给最终客户、装车并开具发票之日起计算。

备件质量担保适用于整车上除规定的易损耗件以外的制造厂原装车零部件。

二、质量担保条件

(1) 必须在东风雪铁龙授权服务站购买备件，并由该服务站装车，质量担保必须在授权服务站进行。

(2) 必须在东风雪铁龙授权服务站根据本手册和维修手册的要求进行定期检查维护。

(3) 客户提出备件质量索赔前，必须保持损坏件的原始状态。

(4) 客户必须出示购买备件的发票和装车派工单、维修结算单。

三、属于质量担保的范围(费用由神龙汽车有限公司承担)

(1)符合备件担保条件,经东风雪铁龙授权服务站检查确认需要修理或更换的不合格件。

(2)备件担保费用包括备件费、维修工时费和东风雪铁龙授权服务站的外出服务费。

(3)因担保备件引起损坏的相关件,包括辅料。

(4)易损耗件的质量担保期限同新车易损耗件的规定一致。

四、不属于质量担保的范围(费用由客户承担)

(1)不满足备件担保条件中的任何一条。

(2)经东风雪铁龙授权服务站检查并及时向客户提出,需装上的备件会受到相关件影响而损坏,需更换该相关件,但客户不同意更换该相关件而装上的备件。

(3)因客户使用不当或意外事故造成的损坏。

(4)进行了没有经过神龙汽车有限公司认可的汽车改装,且该改装会对担保备件造成影响。

(5)由于外部原因造成的备件损坏,例如细砾石的溅击或碰撞、大气或其他化学品、鸟粪等的腐蚀所致的损坏。

(6)备件担保中没有专门规定的费用,如客户因进行备件索赔而发生的停运费、停车费、路桥费、旅差费、食宿费、管理部门的惩罚款等。

? 我思我想

正确维权

阅读《家用汽车产品修理更换退货责任规定》,了解哪些是汽车产品的"三包"、三包责任、三包所需要的凭证、三包争议的解决途径。

延伸讨论:教师引导学生检索网络"车闹",选取1~2个典型事件,展开讨论客户的权益如何得到正确保护。

学习评价

一、基础知识

1. 汽车整车保修期的含义是什么?保修索赔内容有哪些?
2. 汽车配件保修期的含义是什么?保修索赔内容有哪些?

3. 汽车配件保修索赔流程是什么？每个流程的具体要求是什么？

4. 汽车配件保修索赔流程常见问题有哪些？

5. 索赔件回收与管理有什么要求？

6. 不属于保修索赔的内容有哪些？

二、能力考核

能力考核表见表 7-10。

能力考核表　　　　　　　　　表 7-10

序号	考核内容	配分	评分标准	考核记录	扣分	得分
1	根据整车保修索赔、汽车配件保修索赔的内容，审核是否符合保修索赔	15 分	根据客户的初步描述判断进厂车辆是否符合保修索赔，错误一项扣 5 分			
2	汽车配件保修索赔流程	40 分	接车、故障诊断、判断是否属于保修索赔、开具任务委托书、维修竣工、索赔资料整理、索赔件管理及回收、索赔结算，错误一项扣 5 分			
3	索赔资料、索赔材料的整理、回收	15 分	车辆修复竣工后完成索赔资料、索赔材料的整理、回收，索赔单据的上报及结算，错误一项扣 5 分，扣完为止			
4	安全	10 分	操作安全事项，错误一项扣 5 分			
5	5S 管理	10 分	错误一项扣 5 分			
6	沟通表达	10 分	错误一项扣 5 分			
7	分数统计	100 分				

参 考 文 献

[1] 宓亚光.汽车配件经营与管理[M].北京:机械工业出版社,2014.

[2] 陈永革,何瑛.汽车配件经营与管理[M].北京:机械工业出版社,2016.

[3] 李金艳.汽车及配件营销[M].杭州:浙江大学出版社,2016.

[4] 李燕东.物流商品养护技术[M].北京:北京大学出版社,2017.

[5] 郭捷,刘铭.汽车配件管理与营销[M].北京:机械工业出版社,2019.

[6] 李刚.汽车及配件营销[M].北京:北京理工大学出版社,2019.

[7] 程国元,潘明明.汽车维修业务接待[M].北京:化学工业出版社,2019.

[8] 王关义,刘益,刘彤,等.现代企业管理[M].北京:清华大学出版社,2019.

[9] 黄敏雄,尹万建.汽车配件营销与管理[M].北京:人民邮电出版社,2020.

[10] 葛岩,刘培德,等.采购与仓储管理[M].北京:清华大学出版社,2020.